学力・人格と教育実践

変革的な主体性をはぐくむ

佐貫 浩
Hiroshi Sanuki

大月書店

はじめに――新自由主義に対抗する教育を考える

（一）急激な社会改変が新自由主義の下で進行している。新自由主義とは、単に政策手法における市場万能主義として理解することではその本質は把握できない。グローバル資本による利潤獲得と経済競争戦略の視点からの国家権力の再掌握というべき権力構造の変化を土台にして、新自由主義の本質を把握する必要がある。

20世紀に強大な権力をもった国民国家は、労働運動や議会制民主主義を舞台とした国民の要求実現の運動によって、国民の基本的人権を実現する機能を組み込んできた。そして企業が蓄積した膨大な富の一部を国家予算へと再徴収し、国民の人権や生存権保障のためにそれを再配分する機能――富の再配分機能――を強化してきた。しかし20世紀末に、国家の力をも上回るほどの政治・経済的な力を獲得したグローバル資本は、資本の世界経済競争戦略の視点からこのような国民国家の仕組みを一挙に組み替え、平等や生存権、労働権保障の福祉国家的仕組みを解体（規制緩和）し、雇用破壊、低賃金、格差・貧困が社会の至る所に噴出し、差別と孤立と社会排除が拡大しつつある。

その政策は、民主主義を後退させ、人権保障のための公共的なサービス――福祉、教育、保育、介護、医療、等々――を市場化、民営化にさらし、個人の私費によって買い求めるべき商品へと組み替えつつある。そのため、自己責任と競争の論理が生きるための方法と規範として拡大している。社会破壊が呼び起こす不安の拡大は、排外的ナショナリズムや偏狭な民族差別意識、ヘイトスピーチなども生み出し、解釈改憲による集団的自衛権を合憲と主張するような軍事大国化の国家戦略を支える世論をも生み出しつつある。また人類的危機――地球環境の危機、世界的な格差と貧困の拡大、食糧危機、暴力と紛争の激化など――に対処する知恵の結集と、それを実現する社会的な富の再配分をも困難にしつつある。

この危機の性格をしっかりと見据え、それに対処し、新しい希望を切り拓く共同に向けて、歩みを強めなければならない。人類が蓄積してきた社会的正義――人権、平等、民主主義、平和、人間の尊厳、等々――を新たな段階に押し上げ、それらの方法と価値に依拠して生きていく共同の筋道を明確にしていかなければならない。*

* この著書においては、基本的人権という概念を、自由権と社会権を含むものとして捉えている。自由権は、歴史的には所有の自由を土台としつつ、市民革命を推進する政治参加（参政権）と人間の自由の権利として確立されてきた。しかし社会的な条件整備や社会福祉なくしては実現されえない労働者階級の生存権や労働権の実現を目指す運動に支えられて、社会権もまた基本的人権の不可欠な構成部分として承認され、憲法的規範として確立されてきた。しかし社会権の実現は、所有の自由に対する一定の制限、社会の富の再配分を不可欠とするものであり、そのことをめぐって、自由権と社会権をどう統一的に把握するかは今日もなお論争的である。その点に関しては、新自由主義の下で、基本的には資本の利潤として生み出される社会的な富を、国民の労働権や生存権保障のために再配分していくことを社会的正義として拡充させてきた福祉国家的な社会の仕

組みに対して、福祉政策を一挙に低下させようとする圧力がかけられ、生存権や労働権保障が自己責任化され、人権を所有の自由に還元させる力学が強まり、社会的格差や貧困が大きな問題となってきている。しかしまた、いうまでもなく、市民革命において主張された自由の権利は、参政権を含んで、政治的主権者として生きるための人権をも含むものであり、国家に対する抵抗権、人格的自由の権利を含んでいる。この著書においてはこれらの性格をもった自由権と社会権を含んだ——そして新自由主義の下において、その構造が改めて論争に付されている——概念として、基本的人権（単に人権と記する場合もある）という言葉を使用する。この点については、竹内章郎・吉崎祥司『社会権——人権を実現するもの』（大月書店、2017年）の基本的人権の把握を踏まえたものとして読んでいただきたい。なお、本著のなかでは、その文脈の強調点に即して、「人権と労働権」、「人権と生存権保障」、「基本的人権、平等、自由の保障」等の表記も使用している。

（二）その新自由主義の下で展開している今日の教育の全体像をとらえるためには、教育学の視野を今までよりも一段と広げていくことが必要になっている。2000年代に入って展開している教育政策の手法は、20世紀の教育政策の手法と大きく異なる面をもっている。その下で、学力が「政策概念」として操作され、目標管理とPDCAシステムによって学校教育と教師の実践を方向づけている。あわせて、新指導要領（2017年、高等学校指導要領は2018年）の「資質・能力」規定は、人間の人格のありようにまで及んで、政策によって規定しようとしているかに見える。しかも、現在のPDCAや目標管理の方法は、価値を権力が決定し、それを公教育に押しつけ、その具体化の技術を専門性として教師に求めるものとなり、子どもや若者が、人間として生き成長していくために必要な教育的価値の探究を抑圧している。国民の生活と労働の過程に、資本の利潤の増大に沿う規範と基準をあてがい、その達成度に応じて人々に価値（賃金や賞罰）を配分し、すべての人間をグローバル資本の競争の担い手へと「主体化」する新自由主義的な統治が展開している。

そのような状況の下で、学力と人格の関係性をあらためて問い直さなければならない状況が生まれている。人間の根源的な主体性を立ち上げる力は人格そのもののなかにある。新自由主義の展開の下で、人格のなかに展開する違和感や不安や希望の喪失、さらには生きられない思い、人間としての願いに共感し、声として引き出し、問題の根源に向かう批判的認識を始動させ、人間として生きる目的やその生き方を貫く価値と方法を取り戻す共同の学びを回復していくことが、課題となっている。そのような変革主体形成の教育学が求められている。そして教育＝学習のプロセスを、子どもや若者自身が、自分の人間としての尊厳の回復、権利の実現の過程であるととらえられるような性格をもつものに、組み変えていかなければならない。それらは、新自由主義的な教育の目標と価値統制に対する抵抗とたたかいの方法となり、人間の自由のための教育、子どもの権利を実現する教育を取り戻すものとなるだろう。

(三) このような課題をふまえて、学習の方法、授業のあり方も深く問い直されなければならない。真に主体的で深い思考や「生きる力」につながる学力とその学習の全体構造を検討する必要がある。アクティブ・ラーニング論の検討も不可欠である。

その点では、子どもが人間として主体的能動的に――アクティブに――生きられるようにすること、子どもの主体性を引き出すことこそがアクティブな学びの根本前提となる。同時に、アクティブな教育実践へ挑戦する教師の自由が、不可欠だろう。生きる目標を上から押しつける現代社会のメカニズム、その教育政策が、人間のアクティブさを奪っている。それらへの抵抗の構えなしにアクティブな生き方は成立しない。学びのアクティブさの土台には、子どもたちのよりよく生きたいという願いが組み込まれていなければならない。人格的な自由と意欲が剥奪された状態では、そもそも、学習に向かう主体性の土台が掘り崩されてしまう。その土台の崩壊を、ただ競争と自己責任意識の喚起によって修復することなど不可能である。アクティブな学びの実現のためには、学習の土台に、子どもたちの尊厳と未来への希望を回復する社会改革への見通しと熱意、その息吹のなかで子どもが未来への見通しをもてるようにすることが不可欠である。さらに、教育が、子どもの人格へのケアの性格をもち、人間的な願いを意識化し、主体性を回復していく筋道を支え、表現への能動性を高めることが必要となる。表現とは、本質的にはその個の主体性を再構築していく営みであり、他者との共同への参加の方法である。

その際、新自由主義の統治とその規範は、人びとの生活世界を支配し、競争の世界で生きる様式（ホモ・エコノミクスとしての方法と規範）を強制し、人間がともに生きるための方法としての政治や道徳の価値（ホモ・ポリティクスとしての方法と規範）を奪いつつあることを見ておかなければならない。それに対抗し、抵抗する教育のあり方を切り拓くことが必要である。

憲法的価値は、政治という方法をとおして人類が探究してきた正義としての生き方の到達点であり、歴史的合意点である。その意味では政治の歩みは、共同的に人間が生きるための道徳的規範の探求のプロセスでもあった。その道徳を、社会の歴史的展開と切り離し、個人の閉じられた内面的規範へと一面化し、すでに社会の側の規範はすべて完成しており、個人はその規範を守ることができる内面的な構えを道徳性

――指導要領に明記された22の徳目――として身につけなければならないとする教科「道徳」の道徳教育理念は、批判されなければならない。道徳も政治も、人間が共同していくための方法と価値の探求の営みであり、その方法と価値を継承し、批判的に発展させていく認識と方法の獲得は、人間の学力の全体性にとって不可欠な構成部分となる。だからまた、道徳性の獲得は、同時に政治的市民性、主権者性（シティズンシップ）の獲得と不可分なものである。学力と道徳性が不可分に結合された人格のありよう、そのための教育の方法を明らかにしていかなければならない。学びがアクティブで能動的で創造的になるということはこれらの全体的な関係性のなかで検討しなければならない。

アクティブな主権者教育は、ともすると政治的偏向ではないかという攻撃にさらされ、憲法学習、憲法改正を議論するような教育が萎縮させられようとしている。しかし、日本が軍事力で世界に展開するための憲法改正が政権の側から推進されようとしている事態の下で、あらためて公教育として遂行すべき憲法学習、主権者教育の確かな方法の探究が重要な課題となっている。その方法は、合意されてきた社会的な価値、その中心にある憲法的な社会的規範（社会的正義）を継承する公教育のあり方をあらためて問うものとなるだろう。それは、学習を真に社会を考えるアクティブなものとするための方法の探究でもある。

（四）「知識基盤社会論」が労働力の未来像についての強力なイデオロギーとして作用し、それが学力問題に大きな歪みを生み出している。グローバル資本の世界戦略を批判的に対象化する視野なしには、現代の新たな教育の見通しは獲得できない状況にある。人類の蓄積した巨大な富をどうやって民衆の民主主義的意思の下に、人間が生きるための課題――地球の持続、平和、人間の尊厳のための課題――へ配分し再投資していくか、狭い「国民国家」の枠で思考する「方法論的ナショナリズム」（ウルリッヒ・ベック／島村賢一訳『ナショナリズムの超克』NTT出版、2008年。本書第6章190頁参照）を超えた国民主権とその世界的な連携が人類史的課題になっている。

なぜに、特別に高度な知的能力を獲得できない者は、現代社会では「役に立たない」と言われるのだろうか。そして現実の雇用システムが、そのような基準で雇用を差別化し、生存権保障すら危うい賃金しか配分しない状況に多くの若者を曝しつつあるのだろうか。一挙に日本社会に広まった貧困と格差、そして学力競争の激化は、このような「知識基盤社会」の展開の不可避の結果なのであろうか。

「知識基盤社会論」批判をふまえるならば、人間の労働能力（＝学力）は、その「高さ」や「低さ」にかかわらず価値あるものとして生かされる社会、すべての人間の労働能力が生かされるシステムこそが最も豊かな社会的富を生み出すという未来像が提示されるだろう。その地平においてこそ、学力についての新しい把握が可能になる。そこでは、すべての人間が、自らの獲得した学力＝能力を最大限に生かしつつ、労働を通して社会的共同のなかに生きる自己を実現し、社会の富の形成に参加し、それゆえに、自己の能力をかけがえのないものとして愛《いと》しく感じることができる新しい社会の構想が可能となるだろう。

エーリッヒ・フロムは、〈to be（在《あ》ること）〉と〈to have（もつこと）〉の二つの様式を比較することにおいて、人間存在の様式を批判的に検討しようとした。資本主義社会とは、〈to have〉の様式にしたがって人間労働が資本に雇用され、搾取される生産様式となる。人間（労働者）は、自らがもつ労働能力を資本に売ることをとおして自己を実現しようとする。資本にとって、労働者は、どんな労働能力を所有しているかによって評価される。しかし人間は、自己の固有の目的をもち、それを実現しようとして生きている。そしてその目的を実現する力として労働能力や学力を意味づけることができるとき、所有するもの〈have〉は、存在〈be〉を実現する力として機能する（本書第9章参照）。

しかし、現在のグローバル資本主義は、資本の利潤の獲得のためという視点からのみ、人間の労働能力に関心をもつ。またすべての人間の労働能力の実現に関心をもつのではなく、自己の利潤の戦略から、生産と利潤の獲得に有利な労働力——それを所有している労働者——にのみ関心をもつ。雇用されず、生存条件を奪われる失業者がいてもそれは資本の関心事ではない。資本はすべての人間の存在〈be〉の実現にたいする関心はもたない。

しかし、人間の存在に根源的価値があるならば、その存在の実現は権利であり、社会はそれを支えなければならない。そして能力や学力はその価値の実現に不可欠である。だからすべての人間の学力や能力は、その到達度にかかわらず、かけがえのないものである。その力を高め、発達させることもまたすべての人間にとっての願いとなる。だからこそ、学習権、教育への権利は、基本的人権の重要な内容となる。

新自由主義の全体的論理のなかで、このような学習の権利、学力の意味が剥奪されている。その全体的な関連の回復という視野において、現在の学力問題をとらえなければならない。

これらの論点を深く統一的に展開することが求められている。この著では、その全体構造をともかくも描いてみることに力点を置くことにした。その課題に対して、私の力が及ばないとしても、ともかくも課題を構造的に提示することができるならば、今後の教育学研究への見通しをいくらかでも明らかにすることができるだろう。この著を読んでいただくことで、その課題を共に担っていただければ幸いである。

学力・人格と教育実践［目次］

序章　学力・人格と教育実践
――子どもの変革的自己形成を起動させる――

現代の新自由主義は、グローバル資本の利潤獲得のために、社会生活のあらゆる過程と人間に対して強力な規範、行動様式、評価基準を押し当て、人格の管理と方向づけの統治技術を緻密化しつつある。その論理は、現代社会は完全であり、その秩序にしたがう規範を内面化できない者を反道徳者として反省させようとする。格差と差別の結果を「自己責任」として受容させ、社会のあり方に対する抵抗と変革主体の形成を断念させようとする。そして、競争と強者による支配を埋め込んだ新自由主義の世界、そのなかに渦のようにして形成された人間同士を敵対させ競争させ合うミクロ・ポリティクスの世界をサバイバルする生き方を強要する。「現代社会は完全である」という観念は、今回の教科「道徳」に深く埋め込まれている。新学習指導要領に示され、それを柱に道徳授業を進めることが強制される「内容項目」(19～22個)は、正直、節制、勇気、親切、思いやり、礼儀、相互理解、規則の尊重、等々と、個々人の心構えと対人規範が基本となっている。現代社会の差別や格差、不正、矛盾を調べ、それを批判し、改善していくという社会批判の視点は見事に排除されている。この変えようがないかに見える社会(完全世界)を受け入れ、それに適合して自己責任で生きていく力と規範を身につける道徳的訓練を強要する。

そのような仕組みによって、グローバル資本の利潤の規範に沿って自らを生きさせる「主体」が、人格に埋め込まれる。この仕組みに対抗して、子どものなかに人間の尊厳を回復し、現代社会への変革的な主体性をいかにして立ち上げることができるかが、教育に問われている。いや、教育に止まらず、わたしたち大人もまた、同じ規範の縛りのなかに囚われ、生きさせられ、同じ問いのなかに置かれている。

一　子どもの人格における葛藤の性格

今、子どもたちの意識は二つの層に分断され、激しい葛藤のなかに置かれている。第一の層は、新自由主義の規範に徹底的に絡め取られ、その規範に沿って自分の存在の意味や居場所を確保し、サバイバルを強いられている意識の層である。取り囲む評価基準に絶えず自分を合わせる緊張感に疲れ、どんな困難を背負わされていても、結果として到達した学力の順位で、自己責任として自分の人間としての価値が計られる。一方、子どもたちの生活世界は、暴力をも含むミクロ・ポリティクスの世界と化し、人権を無視した攻撃、あざけりや差別やいじめや排除など、およそ憲法的正義と正反対の不条理が飛び交っている。そして彼らが生きるその世界の恐ろしさは、ほとんど世界や社会とは何かを理解しようもない人生の入り口に到達したばかりの子どもたちに、自死をも選ばせるほどに過酷で絶対的なものとして迫ってくる。いじめ自殺事件が全国各地に出現している事態はその深刻さを現しているように思われる。

しかし、だからこそ、その第一の意識の層と表裏一体になって、人間としての誇りをもちたい、今の不安や困難から逃れたい、暴力から逃れたい、勉強がわかりたい、安心できる友達との支え合いを生きたい、みんなに認められたい、未来への希望をつかみたいなどの人間としての安心と尊厳を求める意識の第二の層が、子どもの心の奥底に渦巻いているのではないか。

子どもを脅かすさまざまな矛盾のなかで、子どもたちは自分を変えたいと強く願っている、「もっとできるようになりたい」「もっと強くなりたい」等……。しかしそこには二つのベクトルがある。第一は、他者よりも強くなって、勝ち残りたいという〈自分を変える〉ベクトルである。第二は、「こんな状況を変えたい、これじゃ生きられないよ」という〈世界を変える〉ベクトルである。新自由主義社会の競争圧力と現実社会の変革不可能性を意識するとき、そして道徳教育で現代社会を受容する規範を押しつけられるとき、「他者に勝つ」ことで現実世界に適応していく閉塞的な〈自分を変える〉ベクトルが強まる。そのベクトルは、絶望や閉塞感と背中合わせである。この閉塞を打ち破る変革的主体形成の弁証法を起動させるには、〈世界を変える〉現実的な可能性が、子どもたちに提示されなければならない。強要される規範を疑い、矛盾を背負わせる現実を相対化して変革の可能性を見つけ、その地平において新たな生き方を切り拓き、規定された自分を越え出ようとする生き方である。子どもの人格の変革的能動性を引き出し、生きさせられている現実＝新自由主義の規範を打ち破る力を子どものなかに生み出せるか、そのような変革可能性を希望として子どもに提示できるのかが教育実践に問われている。＊

＊「人間の変革的能動性」、「変革的主体形成の弁証法」とは何を指すのか。そのテーマはこの本全体の課題であることを断った上で、いくつかの視点を示しておきたい。

第一に、マルクスが解明したように、社会はその矛盾によって規定された人間において、その矛盾を解決することを意欲する主体を形成する。もちろん、その人間によってとらえられた矛盾が、直線的に新たな主体を生み出すのではなく、その課題解決に向けての試行錯誤と闘いを意欲させ、その共同的実践の蓄積のなかに、新たな方法や認識が獲得され、それを実現していく共同的主体が形成されていくのである。その営みこそが人類の歴史を発展させてきたと言えよう。この視点が弁証法的唯物論の歴史と人間把握の基本にある。それがどのような強力な、あるいは微弱でしかない可能性であるのかは、またいかなる回路を経ることによって現実的な力へと具体化されるのかは、未だ人類の歴史的探究の課題であり続けているとしても。とするならば、教育は、この人間のなかに、子どもの人格のなかにある変革主体性の契機に、その意識や願いに働きかける教育方法の探究をこそ、永遠の課題としていると言わなければならない。

第二に、ヴィゴツキーの提起した「歴史的文化的発達の理論」は、人間は、人類の歴史的な営み、価値探究の結果として生み出された文化の到達点、その新たな人間性の到達点を個体としての個の成長の土台として発達のなかに組み込むととらえる。歴史的に獲得された知的、価値的な到達点は、その上に形成される人間の営みを方向づける認識や感情をもより豊かに形成するであろう。その意味において、人間の批判的変革主体性は、人類が歴史的に蓄積してきた文化それ自体の科学性、批判性、創造性と不可分に結合されている。教育の営みは、そういう蓄積された文化の、歴史を切り拓いていく人間形成力に対する信頼の上に立って遂行されていると言えるだろう（ヴィゴツキー／柴田義松監訳『文化的―歴史的精神発達の理論』学文社、２００５年、参照）。

第三に、エーリッヒ・フロムがとらえた人間的情熱という人間性についての把握が、大きな示唆をもたらしている。人類の歴史は、その共同性の発展という基盤の上での歩みであった。フロムは、この共同性への情熱をいかに生きるかが大きな課題であることを示した。その共同性への情熱は、資本主義的生産関係による人間の直接的な結合の解体、物象化、政治的排除などを介して、「自由からの逃走」を招き、時にはファシズム的熱狂をも生み出してきた。フロムはそれらの歴史的教訓をふまえつつ、確かな人権、平等、生存権保障の上に、生産と創造、人間的愛の実現に向けてその情熱を生かす方向に、豊かな人間性の開花を展望しようとした。そしてそのような人間的情熱への欲求が、すべての人間の人格に、共同性への欲求として組み込まれていることを指摘した。子どもたちを虜にしているいじめ現象や同調ゲームすらもが、人間的な共同性への情熱の歪んだ姿であるととらえるならば、人間の尊厳に立脚した共同性を切り拓こうとする教育実践は、子どもの希望となり、自らの新しい生き方を切り拓こうとする情熱を引き出すだろう（エーリッヒ・フロム／日高六郎訳『自由からの逃走』東京創元社、1951年／作田啓一・佐野哲郎共訳『破壊――人間性の解剖（上・下）』紀伊國屋書店、1975年、参照）。

今ここに挙げた三つの視点は、すべて、教育実践による子どもへの働きかけを介してこそ、現実的な力となって子どものなかに変革的主体性を立ち上げていくものであろう。このような変革と創造の可能性を引き出すための子どもへの信頼、人間的な共同の方法の子ども自身による発見、歴史的な見通しを与える認識の形成、個々の人格に寄り添い励まし続ける親密な働きかけ、等々が実現されなければならない。教育は、そのような役割を引き受けることで、子どもの変革的自己形成の弁証法に働きかけ、それを能動化させ、顕現させる仕事ではないか。

この後者の意識の層に、学校が、教師が、日々の教室の授業が、心から呼びかけ、その思いを共に生きようとする眼差しを送るものになるならば、そこに支配的な学校空間とは異なるもう一つの空間が、子どもたちが人間として生きたいという願いが共同で探究される希望の空間が、子どもたちと教師との人間的共同によって切り拓かれるのではないか。子どもの心底の願いと教師の専門性がつながるならば、新自由主義に対抗する新しい生き方を探究する教育実践を立ち上げることができるのではないか。

しかし、この課題を正面から受け止めるのではなく、教育実践の課題を狭い競争力としての学力の獲得、そのための個々の子どもの「学力向上」に丸投げするとき、子どもたちは自分の人格に抜き差しならないものとして突きつけられている課題を投げおいて、自己責任による孤独な学力競争へと閉じ込められる。「世界を変える」ベクトルへの挑戦から立ち上がる可能性のある変革的自己形成に踏み出すことができず、その挑戦のなかで共に生きて勇気を与えてくれる教師や仲間と出会うこと——孤立から連帯と共同への転換——もまた困難となる。

二　子どもの意識を閉じ込める目標管理とPDCAシステム

教育実践を、強力に方向づけ、管理するシステムが、学校教育に組み込まれてきた。2000年代に入り、学力を、教育の価値内容を方向づける「政策概念」として国が規定し、その到達度で学校と教師が評価される仕組み（目標管理とPDCA）が本格的に展開した。それは、①教育基本法に「教育の目標」を規定し、②学習指導要領にその内容を一方的かつ詳細に展開し、③教科書検定によってその内容を教科書に具体化させ、④「教育振興基本計画」によって教育目標を首長や教育行政が学校に提示し、⑤学校管理職層が学校教育目標を一方的に決定し、⑥PDCAシステムでその目標達成に教師が連帯責任を背負わされ、⑦学力テスト（全国学力・学習状況調査）の成績で生徒と教師の学力目標の達成度を計測し、⑧その結果が教師の人事考課に反映され、給与差別にまで及ぼされる、という仕組みとして具体化された。

加えてその達成度は、数値化して計測されるようになった。その数値は、教育目標達成度と教育の公共性の実現度を示す客観的エビデンスとして流通させられ、教師の専門的探究や子どもの願いに沿ったケアの探究を退け、権力や行政の設定する目標達成のための技術を磨くことを教師に迫る。子どもへの共感をもった教師の専門性を介して発見される発達課題、教育課題が切り捨てられていく。子どもの願いや心の揺れにかかわろうとする教師の思いまでもが封じられていく。ＰＤＣＡは上から提示される目標達成に対する学校と教師の能動的忠誠と協同を調達しつつ、教育価値に対する緻密な権力統制として機能する。それは、子どもたちの意識の第二の層の感覚や思いを無意味なものと感じさせ、自己の苦悩を自己責任として意識の底へ沈め、沈黙させ、逆に、第一の層の意識を強化し、価値化し、今日の学校を新自由主義の規範空間へとさらに純化させていく。

人間は、「抵抗の主体」として生きること――よりよく生きようとする人間の「命」の実現に立ちはだかる障害としての生活や社会の矛盾とたたかおうとすること――を通して、生活や歴史の変革に向かう主体性を再構成し続けてきた。この変革的主体性への要求は、自由への欲求として、現代における人間の根源的な能動性を構成する力として、個々人の人格のなかに、人間的本質として組み込まれている。しかし新自由主義的な教育価値管理のシステムは、この人間の変革的主体形成を閉ざそうとする。現代社会の矛盾の意識化、その意味化、そこに立脚した変革的主体形成の道を閉ざし、現実への同化と同調を強要する。生きられない子どもたちの思いを共に生き、子どもの力を信頼することに依拠してこそ、この支配の力に対抗する教育実践を切り拓くことができるのではないだろうか。

三　新自由主義の人格形成力の基本戦略
――「資質・能力」規定の組み込みの意図――

新自由主義の規範が人格を方向づけ、子どもをそれに沿って「主体化」する社会的形成作用が子どもの生き方を強く拘束している。その規範に適応しなかったり、ましてや抵抗するような者は、生存権が危機にさらされ、孤立と排除が押しつけられる。その圧力の下で、人格に組み込まれた新自由主義的な規範と社会イメージが、学力を意味づけ、その獲得を意欲させる。*

＊「人格」という概念をどのような意味で使用するのかが問われる。そのことはこの著書全体で検討していく課題でもあるが、最初の時点で、基本的な視点を提示しておきたい。ここで用いる「人格」概念は、基本的には、坂元忠芳が、学力と人格を検討した時に用いた概念に依拠する。

坂元は、心理学が把握しようとする人格概念と教育学のそれとのアスペクトの違いを踏まえ、またマルクス主義哲学における人格把握の中心的関心が「個人が具体的に入りこむ社会的諸関係とそこでの個人の社会的諸活動を彼の内面における諸性質（人間性、諸能力）の全体的な発達の構造論としてどのように統一して把握するか」（坂元忠芳『学力の発達と人格の形成』青木教育叢書、1979年、233～234頁）とする視点から展開していることを踏まえつつ、坂元自身が依拠する人格に対する「教育学的アプローチ」を次のように把握する。

「教育学の中心的な対象である教育実践の研究において、もっとも重要な理論的課題は、一人ひとりの子どもに、どのような諸能力の関連を全体としてつくりだすか、ということにとどまらず、子どものなかにのぞましい目的―動機や価値意識の体系を、具体的な人間関係の変革とそこでの活動の組織化をとおして、どのようにつくりあげていくか、ということ……である。諸能力の発達と人格の核心である目的―動機や価値意識の体系の形成との関係を、教育実践の全体構造との関連で、明らかにすることは、今日における教育学の中心課題であると私は思う。」(同、234頁)

坂元はこのような課題意識に立って、人格を子どものなかに作り出される諸能力とその社会的政治的指向性の全体を含むもの――いわば広義の人格概念――としてではなく、「人格を、意識的な活動の体系《システム》における、動機や目的の体系としてとらえ、そのような動機―目的の体系を調整するかぎりでの諸能力・諸力の連関を人格にふくませてとらえる見方」(同、236～237頁)――いわば狭義の人格概念――を、人格の「教育学的アプローチ」の方法として提起した。そしてそのような人格概念に基づく研究によってこそ「諸能力・諸力の連関の形成と、目的―動機の体系や価値意識の体系の形成との関係こそが発達論において明らかにされなければならない」(同、237頁)としていた。坂元の学力研究は、この人格概念に依拠することによって、人格と学力との関係を、人格の中核にある目的―動機の体系と学力との関係、その統一のありようとして究明するという仕方で、展開されていったと見ることができる。本書は、この坂元の方法論に依拠する。

教育の仕事は、客観的なものとして合意された文化や知識、技術などを子どもに教え、学力として獲得させること――それらを応用力や表現力等のコンピテンシーへと高めることを含んで――にあると考えがちである。しかし、現実社会の支配的規範が、今日、非常に強力に人格に働きかけ、生きる意味や目的の意識、生きるための戦略を方向づけている。人間がもつ変革的主体形成の力を展開させるには、このような人格に作用している新自由主義の規範の形成力と意識的に対抗する教育実践が不可欠となる。

社会の新自由主義化のなかで、「評価」が肥大化し、その鋳型に自分を合わせて競争世界をサバイバルする生き方を競わせられ、学力はそのための中心的な力になっている。そのために、自己の価値は、その競争の勝ち負けを判定する外的評価基準に照らしてはじめて見いだせるものとなり、人が自分の存在の内側から抱く目的の意識を土台にして自分を主体化することが困難となる。自分の願いを生きることが無意味化され、自分のアイデンティティを構成する主体的な自己資産（経験、知識、価値意識、共同の体験、感情、等々）が無価値化され、それらの蓄積の上に、自己の価値基盤を形成することが困難になる。

しかしそこに止まるならば、新自由主義が求める人材に必要なグローバル競争に勝ち抜く能動性や創造性のある学力形成それ自体もまた本格的には成功しない。新指導要領の「資質・能力」規定は、その矛盾に対処するために、人格と学力を新たな仕方で結合しようとする国家の政策の側からの挑戦である。そのために、世界の意味を競争とナショナリズムによって描き出し、グローバル資本の巨大な世界支配の構想に一体化して、そのなかで人間としての「情熱」（エーリッヒ・フロム）を燃やす生き様を、一方的な価値規範の教育――競争世界への同化、国家主義的あるいは大国主義的な歴史意識や道徳規範の形成など――で身につけさせ、その「情熱」の側から自分の目指す学力獲得を意味化し、応用力や創造力を生み出そうとするものだろう。しかしその足もとに格差と貧困を拡大する新自由主義の社会破壊政策の土俵では、多くの子どもたちが、切り捨てられ、排除を強制され、未来への希望を奪われて行く。

もちろん「学力」獲得は、私たちの教育実践の重要な課題である。しかし、語弊を恐れずに言えば、「学力を高めなければ、おまえは生きる価値をもたないのだ」というメッセージを送るのをやめ、現にいま目の前に生きている子どもの存在の価値と尊厳を承認する関係を作り出すことが、不可欠なのではないのか。「一人ひとりがかけがえのない命をもつ人間として生きていける関係を作り出そう」、「教室をこそ、そういう空間に作り替えよう」というメッセージを送り届けることが、まずもって教育実践の第一の目標になる必要があるのではないか。「学力向上」を条件としない人間の尊厳を承認し合う関係が作り出されなければならない。学力に働きかけるその前に、あるいはと同時に、子どもが自己の尊厳を自己の意識において回復していくことに、子どもとともに挑戦していくことが必要なのではないか。その土台においてこそ、子どもは学力獲得の意味を自分で発見し、ほんものの「生きる力」を回復していくのではないか。

四　自分を価値の基盤に据え直す

新自由主義は、価値は自己の内からではなく、市場から提示されるとする。生きる過程のすべてに望ましい規範と行動目標を組み込み、評価で人間を管理し方向づける新自由主義の統治技術は、人間が自らの人格のなかに感じ抱く目的や価値の意識を無意味化し、個の主体性を掘り崩していく。その規範と論理が、社会への批判の認識を強固に閉ざすバリアとして機能するなかでは、それに対抗する教育実践は、そういう力学を打ち破り、子ども自身のなかから、目的と価値を紡ぎ出していかなければならない。

人間は、自らの身体的感覚を伴って世界や他者とも交渉し、その存在を感じ、味わい、実現していく主体であり、個性的存在である。子どももまた、さまざまな情動や感情をもちつつよりよい生き方、自己の存在の実現を求めて模索しているまぶしいほどのかけがえのない命を生きている。主体化を支える価値の土台は、まさに自分という存在のなか、その人格が味わっている感情、矛盾の意識、苦悩、願い——最初に述べた第二の意識の層——を意識的に生きようとする構えのなかにある。新自由主義の下での価値の争奪戦においては、自分を基盤にして思考することが、根本的な対抗方法となる。

個の内面の思いを意識化し、そこに価値形成の基盤を据えるためには、「表現」が不可欠であり、その「表現」を励ます自由と共感が必要である。かつて日本で広く展開された生活綴方教育は、社会の支配的な規範に絡め取られて受動的に生きさせられている状況に対して、子どもの人格のなかに、変革的主体形成の弁証法を意識的に起動させようとする挑戦であった。それは、①書くことを通して自己を規定する社会（他者との関係）を見つめさせ、抑圧するものや社会の矛盾を自分の生活に即してリアリズムの精神でとらえ、②同時に自分の願いを意識化し、その生活と願いのなかにある人間的な値打ちを自己の確かな「人間的真実」として据え直し、③その「人間的真実」を広げる生活に向かう姿勢を文章を書き綴ることを通して意識化し、生き方として選び取り、④それらの人間的真実を含んだ綴方を読み合い、共感を創り出し、排除と孤立を打破し、共に生きる繋がりを回復し、⑤「人間的真実」に依拠して考え、行動する共同の世界を作り出すという生き方、変革主体としての自分を形成しようとするものであった（この生活綴方における書くことの意味づけは、『石田和男教育著作集全4巻』（花伝社、2017年）の石田の実践と理論に即したものである。この著作集の第4巻の解説、佐貫浩「戦後日本の教育学と石田和男の教育運動論、教育実践論」を参照）。

それは、人格の核心に、生きることに直接に結合した人間的で主体的な目的や価値の意識を取り戻し、生きることの意味を回復する挑戦と言い直すこともできるだろう。教育実践におけるケアの視点もそのことに関わっている。ジュディス・ハーマンは、人格がいかなる人間関係のなかに再配置されるかという問題として心的外傷（トラウマ）からの「回復」過程をとらえ、世界に対して表現する能動性を取り戻すことをその「回復」の核心に位置づけた。「表現の回復」の過程は、共に生きる他者との関係の回復、人格的結合の回復過程である。孤立、孤独、競争的敵対、支配と被支配、暴力への拝跪《はいき》と屈伏、それらの病理による世界との断絶、社会への主体的姿勢の剥奪――これらの病理を克服する方法と結合されなければ、能動的な学習は始動しない。その困難に挑むためには、ケアが、学習の土台に深く組み込まれなければならない。さらに、ケアが学習主体としての個を回復し励ますに止まらず、学習過程そのものが、人格の核心にある尊厳の感覚、生きる目的の意識、生き方を導く価値意識を高める質をもつことで、人格そのものを支え（ケアし）、その尊厳を回復する支えとならなければならない。人格に働きかける教育は、このような意味において、学習とケアを統一するものにならなければならない*。

＊ ジュディス・L・ハーマン／中井久夫訳『心的外傷と回復〈増補版〉』（みすず書房、1999年）。このハーマンのケア概念には、単に聞き取る作用だけではなく、孤立させられ、トラウマを背負わされた人格に対して、新しい「共世界」を切り拓く役割を担うという機能が組み込まれて展開されている。それは「回復の諸段階」において、最後の第3段階のグループは、「生存者をふつうの人たちのコミュニティに再統合すること」にあり、「その焦点は現在の対人関係にある」ととらえ、その「再結合」は、「たたかうことを学ぶ」、「自分自身と和解する」、「他者と再結合する」、「生存者使命を発見する」、「外傷を解消させる」内容をもち、そして「共世界」へ至ると把握されていることに示されている（308～339頁）。そして治療のためのグループの役割を次のようにとらえている。

「外傷は孤立化させる。グループは所属感を再創造する。外傷は恥じ入らせ、差別の烙印を捺す。グループは証人になり、肯定する。外傷は被害者を堕落させる。グループは向上させる。外傷は被害者を非人間化する。グループはその人間性をとりもどす。／………自分以外の人々の行動を鏡として生存者は自らの失われた部分を認め、それをとりもどす。この瞬間から生存者は人間の共世界 human commonality に再加入しはじめる。」（340頁）

子どもたちが安心でき、人間的な願いや思いを互いに表現し受け止め合うことができ、そのなかで自分のさまざまな力の獲得への挑戦ができる「共世界」の創造は、教育実践の土台として、また子どもたちが生きる場において、ますます切実な課題となっている。

またネル・ノディングズは、『学校おけるケアの挑戦』（佐藤学監訳、ゆみる出版、２００７年）において、学校教育の土台にケアが不可欠であるとし、ケアの性格について、「すべての経験と教科内容の最初の受け入れを子どもたちに準備できるのは、ケアリングの関係なのである」と述べていた（80頁）。そこではケアとは、子どもの感情や思いや身体感覚、関心に対する尊重であり、それらが子どもの主体性の中味であることを承認し共感し、子どもをそういう思いや感覚を保持していることにおいて主体であることを承認することであり、その主体性において、子どもが生活し学ぶことを励ますものとして把握されている。したがってノディングズのケア論においてもまた、学習そのものが同時にケアの過程でなければならないことが指摘されている。

五　教育実践の自由をつなげる

教育実践は、そのような子どもの内面のたたかい——人格における規範と価値の争奪戦——に関わり、子どものなかに変革的主体形成の弁証法を起動させ、子どもを自分と世界の主体へと押し上げることができる。しかし、現在の目標管理とＰＤＣＡは、数値的な精密さと事務的効率性で新自由主義的な価値規範にしたがわせ、子どもの変革的主体形成の芽を閉じようとする。

確かに、孤立した子どものなかでは、外から押し当てられる価値規範がほとんど一方的に勝利し、個の思いや願いに含まれた主体的な価値の意識化、生きることを意味化する価値を紡ぎ出す契機がその芽を摘み取られてしまう非常に不利な力学が働いている。しかし、教師が子どもの人格の葛藤に寄り添い、共感し、その争奪戦を共に生きようとするならば、今日の子どもの変革的主体形成を起動させることができるのではないか。それは、子どもの困難や苦悩を自らの専門性をかけて発見しつつ働きかけ、新しい生き方の切り拓きに向けて、子どもを孤立から救い出し、教師との共同、さらには仲間との共同のなかに子どもを取り戻すことである。それは新自由主義の場の力学に抗し、人間的価値を探究するミクロな抵抗と共同の拠点を、教育の場に構築していくことを意味する。

そこでの自分の教育実践を記録することは、子どものなかに、そして社会のなかに、いかなる価値と規範の争奪戦――生きることの意味づけをめぐるたたかい――が展開しているのか、その争奪戦に教師としてどう関わっているのかをあらためて意識化する仕事となるだろう。その結果、子どもがどう成長し、どう変革的主体形成へと歩み出したか――子どもの成長の人格的構造の解明――という視点から自分の試行錯誤を意識化することだろう。

教育実践記録は、いま目の前で展開している価値争奪戦のなかで「内面の真実」を生きようとする子どもに寄り添いつつ、主体として成長しようとするかけがえのない命への共感を記録するものではないか。

それは、教師同士を、学校と社会を、深い信頼によって結びつける記録ともなる。そのような意識的な教育実践こそが、私たちの教育学研究――教育的価値の創造、子どもの権利実現を結び合わせる教育の言葉の創出の努力――を検証していく場ともなるだろう。

六　すべての子どもの学力の価値を実現する社会構想を

このような教育の構想は、すべての人間、すべての子どもにとって自らの学力が愛しいもの、自分を支えるもの、他者とともに生きていく上でかけがえない役割を担うものであることが確信できるような学力の位置づけと結合されなければならない。学力が個人的なサバイバル競争の手段として追求されること自体が現代の根本的な歪みではないか。

そのためには、グローバル資本の利潤獲得戦略から見た人材要求、それと深く結びついた「知識基盤社会」論についての批判的検討が欠かせない。また、人間存在の根源的な意味に立ち戻って、学力の意味を問うことも必要となる。さらに、現代社会の矛盾を批判し、それに対抗して人間存在の価値を実現するための経済学的、哲学的な検討を土台にして、その上に学力論を再構築していく必要がある。

以上のような教育学と教育実践に向かう構えをより確かにすることが、この著書の目的である。

I

新自由主義と学力・人格

第1章　安倍内閣の教育改革の全体像と特質
——現代把握と新自由主義教育政策の本質——

一　新自由主義社会の出現、展開とその帰結

本章は、1990年代後半から強力に推進されている教育政策と教育改革の本質とその特質を、以下の方法的視点で分析しようとするものである。

今日の安倍政権の基本的性格については、それを新自由主義権力として把握することを前提として、議論を展開する。その把握は、渡辺治、後藤道夫らの政治・経済分析に依拠するものである。(1) 教育政策分析として以下の点を重視しなければならない。

第一に、それは、何よりも、グローバル資本を中核とする巨大資本による利潤獲得と世界経済競争戦略の視点からの国家権力の再掌握という権力構造の変化を土台にして、とらえる必要がある。このなかで、グローバル資本は、自己の所属する国民国家を超えて、世界各地から有利な条件を集めて世界競争を展開するようになった。たとえば、先進国のグローバル企業が発展途上国の低賃金に依拠して生産を展開し、

企業への税金の少ない国（タックス・ヘイブン）に会社を設置するような方法が一挙に広がった。そのため、企業活動に対する徴税率や雇用規制が低下し、国民国家の労働権や生存権の水準の維持・向上のための規制が無力化され、低賃金、格差や貧困が一挙に広がったのである。今や、多くのグローバル資本が、国家の財政規模を上回るほどの経済活動を展開し、その力で国家のあり方をコントロールする事態も生まれつつある。日本でもそのような社会改変がこの20年間に急速に進行した(2)。

新自由主義は、単なる市場万能の方法論や公共的事業の民営化等の個別政策に還元できるものではなく、その背後にある権力構造の転換によってもたらされた、全体性と一貫性をもった政治権力の基本的特質であり、その意図と戦略によって統合された諸政策の全体を貫く基本的性格と把握すべきものである。したがって、現代の教育政策分析がいかなる国家認識、権力認識に基づくのかは、その分析の科学性とリアリティを大きく左右する。従来の新自由主義教育政策把握では、むしろ国家が後退し、市場の論理が前面に出る教育政策が中心となるとの把握があった。しかし、新自由主義が新たな強力な国家権力のありようを探究するものであるならば、国家と教育の関係の組み替えを含んだ教育改革の方法論それ自体の改変にも、新自由主義的性格が深く刻み込まれているものとして分析する必要がある。日本においては、国家が教育に関わる価値や目標を緻密に管理・統制する手法が強力に組み込まれ、国家統制のいわば新自由主義バージョンが展開し、教育の自由が深く侵される事態が進行しつつある。公教育で展開する教育的価値のありようを国家が目標管理し、またその目標を達成するために、ＰＤＣＡサイクルを学校教育の内的過程にまで組み込んで評価、統制するという教育の手法が、非常に緻密に推進されつつある。

第二に、新自由主義は、資本の利潤蓄積を有利にするとともに、国家に集積された公的資金を、グローバル資本の目的に沿って再配分する戦略を採用する。それまでの国民国家が曲がりなりにも位置づけてきた労働権、生存権保障などのために国家的な富を再配分する政策を一挙に切り替え、それらの質を切り下げ、公共的な社会サービスを民営化し、資本の作り出す福祉サービス商品の市場を拡大する。また雇用に対する規制緩和などを通して、社会の富の資本と労働者への配分割合を、資本に有利な方向へ組み変える。そのために、労働権や生存権保障の仕組みが一挙に切り下げられ、雇用の低賃金化、格差化、不安定化、各種の福祉の水準の切り下げが進み、社会の各所に貧困や格差が噴出する。貧困階層の増大、ワーキング・プアの大量形成、一部の富裕層の創出を伴う格差社会が出現した。*

＊　新自由主義権力は、グローバル資本を中心とした経済界による権力の強力な再掌握としての側面をもつ。そしてその最も中心の意図は、社会の富の資本の側への配分を増加させ、国民・勤労者の側への配分を縮小させることにある。具体的には、①「企業配分率」「労働分配率」の変化――大企業の労働分配率は、1998年度62・0％が、2013年度は55・1％に低下した（藤田宏「変容する大企業の付加価値配分と搾取強化の新段階」『経済』新日本出版社、2015年2月号）。②法人税率の低下と消費税の増大――法人税は、1989年の40％から2016年の23・4％に低下している。1989年からの消費税総額372兆円に対して、1989年を基準とした同時期の法人税減税の総額は270兆円、となっている。法人税減税額を消費税総額が埋めているとみることができる（法人税率の変化は財務省ホームページによる〔2017年3月27日〕）。消費税及び法人税累計は「しんぶん赤旗」2019年4月1日による。財務省及び総務省資料に基づくもの。③1997年以降の労働者の賃金の停滞と低下、非正規雇用や派遣労働の増大がおこっている。実質賃金指数で、最も高かった

1997年を100とすると2013年度は約88である。非正規雇用は4割、年収200万円以下のワーキング・プア1000万人超という事態が継続している（実質賃金指数は、厚生労働省毎月勤労統計調査、平成26年度結果）。④大企業の「内部留保」は、2017年度は425・8兆円と前年度から約22・4兆円増加している（財務省2017年度法人企業統計〔金融・保険業を含む、資本金10億円以上の企業を対象としたデータ〕）。

第三に、この権力は、グローバル資本の世界競争戦略に沿って人材形成を進めることを、公教育の中心的な目的とする。それが学力政策、高等教育再編政策、さらには科学技術政策等に貫かれていく。それは、一方での雇用の格差化、低賃金不安定雇用の拡大という新自由主義の下での雇用戦略の展開と相まって、労働者の側の激しい雇用獲得競争と結びつき、学校教育は、安定した雇用を確保するための激しいサバイバル競争の場へと変貌していく。若者の多くがこの不安定雇用や貧困へのリスクに曝されて、将来への見通しと希望をつかめない不安社会が、90年代後半から到来した。それは幼児段階からの子育ての過程をも、このサバイバル競争過程へと変貌させ、そこに高額の私費を投入した自己責任、個別家庭責任としての子育て競争を引き起こし、所得格差を反映した格差貧困の再生産メカニズムを起動させつつある。

第四に、これらの新自由主義的社会改変、社会システムの改変、教育の仕組みの改変は、民主主義、個人の尊厳、人間の共同性のあり方など、人間が生きる上での試されてきた方法と理念、憲法に保障された人権や生存権保障に依拠して安心して生きていくための方法と理念の全体的な危機を引き起こしつつある。それは一方で、人間の尊厳の回復、人間的な共同に依拠して生きることへの願い、根源的な人間的欲求を、多くの人々のなか、子どもたちのなかにも強く意識させつつある。しかしもう一方で、共同性の回復、安心の回復の願いは、ナショナリズムと日本の軍事大国化を求める心情をも拡大しつつある。新指導要領の「資質・能力」規定は、学校教育を、新自由主義の規範とナショナリズムの心性を獲得させるための道具へと改変しようとしている。そこに公教育理念をめぐる重要な対決点が展開しつつある。

およそ以上のような構造をもつに至った現代日本の新自由主義社会とその教育の姿をとらえ、その支配の仕組みを解明し、人間的な社会と教育を再建する見通しを切り拓きたい。

二　新自由主義とその権力性、その基本的性格

(1) フーコーの新自由主義把握と「生政治」

このような変化を資本主義社会の経済と政治をめぐる力学として構造的にとらえた一人が、ミシェル・フーコーであった。

フーコーは、市民革命による二つの新しい方法の出現（議会制民主主義による国民主権に立つ政治と資本主義経済の発明）の段階において、経済的「自由主義」の主張は、政治による経済法則の「不可視性」、「計算不可能」性のゆえに、アダム・スミスの「見えざる手」の論理に代表されるように、経済世界に対する政治権力の介入拒否を基本原則とする理念として展開していったととらえる。

「不明瞭さ、盲目性が、あらゆる経済主体にとって絶対に不可欠である、というわけです。集団的利益が目指されてはならない。それが目指されてはならないのは、少なくとも経済的戦略の内部におい

てはそれを計算することが不可能であるからだ。ここに、不可視性の原理の核心があります。[3]」

フーコーは、近代の資本主義の発展は、国民をこの資本主義社会の仕組みに適合させるように、政治権力を国民への規律権力として国民の管理・監視に向かわせるとし、それを「パノプティコン」（一望監視施設）と規定した。[4] しかし、ナチズムやソ連型社会主義、ケインズ主義への反省――政治による経済法則への国家的介入への歴史的批判――を踏まえて、新たな「自由主義」（新自由主義）が展開し、政治は市場の政治経済学によって規律され、審級される統治技術となり、それは資本の自由を拡大するとともに、国民をそのような経済市場の論理に適合させるための「生政治」――「パノプティコン」システムを越える新たな統治の全体構造――を展開させると把握した。

「古典的自由主義においては、統治に対し、市場の形式を尊重して自由放任することが要求されていました。それに対してここでは、統治活動一つひとつの測定と評価を可能にする市場の法則の名のもとに、自由放任が、統治の非自由放任へと反転させられています。自由放任はこのように反転し、そして市場は、もはや統治の自己制限の原理ではなく、統治に対抗するための原理です。それは、統治を前にした絶え間のない経済的法廷のようなものなのです。……ここには、厳密に経済と市場の観点から統治の行動を評価すると主張する経済的法廷があるということです。[5]」

彼のいう「生政治」とは、①資本の利潤獲得のための望ましい「規範」を社会の全局面、国民の生活と労働の全過程（国民の「生」の全過程）に埋め込み、その規範に沿って人々が生きざるをえない環境をつくり出す政治（「環境管理権力」と呼ぶことができよう）を指している。②それは、一方で、政治権力による経済への規制を「拒否」し（人権や労働権の水準を高めてきた規範や福祉政策を低下させ――今日の政策用語としては「規制緩和」）、企業の利潤蓄積戦略の「自由」を拡大し（その意味で「新」自由主義と規定される）、③国民の生活環境として、競争、自己責任、福祉依存への叱責、等の規範を埋め込み、自己の「人的資本」に私費を投資して自己の労働力市場での競争的価値を高めるように自己努力することを国民に促す政治（統治技術の展開）――競争社会における自己の「主体化」を促す政治――を推進するものである*（以下、断りのない限り、この節のカッコ内の数字は、ミシェル・フーコー『生政治の誕生』の頁数を指す）。

＊　ここでいうフーコーの「主体化」概念の理解のためには、新自由主義的統治技術――「生政治」――の全体像を把握しておくことが不可欠となる。経済的自由主義（新自由主義とも連動する概念としての自由主義）にとって最も基本となるのは、「市場が、いまや真理陳述の場所として構成され」（41頁）るということにある。そして政治は、この市場の「政治経済学」によって、すなわち「市場」によって常に審級されるものへと転換する。その結果、自由主義の下における政治＝統治実践は、市場の論理、すなわち経済法則そのものへの関与ではなく、市場の論理にしたがって人々が行動するようにするために、すなわち「統治するために必要とされる自由の生産」（79頁）を目的とするものとなる。そして新自由主義の段階においては、その自由は、競争そのもののなかにあると把握され、「競争の問題を中心に据えた自由主義、競争を中心に据えた市場の理論」（146頁）を絶えず創造し続け促進することが、新自由主義的統治の核心となる。その結果、新自由主義的統治は、市場に

おける競争を促進するために「積極的自由主義」(165頁)、「警戒する統治であり、介入する統治」(165頁)へと展開する。それは、競争を妨げる種々の規制を廃止し、競争を抑制するような「失業」を減少させる介入を拒否し、競争を促進し市場経済を活性化するために、「人口。技術。学習と教育。法体制。土地の使用権。気候」(174頁)等々に介入するように展開すると把握する。そして「技術、科学、法、人口にかかわる所与の総体、つまりおおざっぱに言って社会にかかわる所与の総体が問題となるやいなや、統治の介入は逆に大規模なものとならなければならないということ、そうした総体が今やますます統治の介入の対象となっていく」(174頁)ととらえる。そしてその下で、個人が「ホモ・エコノミクス」として、この競争の担い手として、その創り出された自由の下で行動するような社会政策が、展開されるようになる。それは、「存在するリスクに対し、生存のリスクに対し、老いや死といった生存の宿命に対して、あらゆる個人が自分自身の私的な蓄えから出発して身を守ることができるようにすること。すなわち、社会政策がその道具としなければならないのは、所得の一部の別の場所への移転ではなく、あらゆる社会階級に対して可能な限り一般化された資本化であり、個人保険および相互保険であり、そして私的所有」(177〜178頁)を目的とするものとなる。そしてその人間の「生」のすべてを競争的に獲得すべき環境を整える統治技術(「生政治」)の展開のなかで、その競争を自己の資本に依拠して生き抜く競争主体として個々人を能動化することが、フーコーの新自由主義把握における「主体化」概念の核心となる。

新自由主義の権力と政策をこのようなものとして把握するならば、新自由主義教育政策を、単に市場化や民間資本の参入の促進、あるいは学校選択という市場の論理の導入、公教育への民間セクターや企業の参入、あるいは公教育の関与者(ステイクホルダー)のガバナンスへの参加、等々の個別要素で規定することでは全く不十分となる。新自由主義国家の政治権力の性格変化、グローバル資本の要求と国家政策との強固な結合様式、富の社会的配分の改変、新自由主義の規範による国民生活の統治と「主体化」、さらには国家財政の支出と配分の戦略の改変、等々に関わる全体戦略として把握する必要がある。

ミシェル・フーコーによると、「新自由主義」は、資本の利益の視点からみて最も望ましい方向へと人々の行動や思考を方向づけるための「統治技術」（としての政治）を行使する。それは市場の論理をより促進するための環境整備であり、その中心には以下のような理念が組み込まれていく。

①まず、アダム・スミスの論理においては市場における交換の原理が据えられていたのに対し、新自由主義の段階では、「市場の原理が交換から競争へとずらされる」（145頁）。そして「競争の形式的構造が作用可能となるような具体的な現実空間を実際に整備すること」（164頁）が新自由主義政治の任務──「積極的自由主義」（165頁）──として把握される。それは具体的には、社会のあらゆる局面に「競争」の原理を埋め込むことを意味する。

②失業の放置──失業もまた、経済の法則から生み出され競争を促進するものならば、それに対して干渉してはならない経済の自由の展開として承認される。「新自由主義」は、失業者とは「移動中の労働者である。それは、収益のない活動とより収益のある活動とのあいだを移動中の労働者なのだ」ととらえるとフーコーは指摘する。したがってまた「失業の状況のうちには、直接的ないし第一に介入すべきものは何も」ないのであり、「完全雇用」がめざされる必要はない（172頁、255頁）とされる。

③不平等の必要──競争の論理こそ、経済の活性化の論理であり、平等はその競争の活性化を抑制

するものとして否定される。「社会政策は……不平等を作用させておく必要がある」（176頁）。だから、社会保障による所得移転政策を禁止すること。「社会保障によって個々人をリスクから守ることではなく、個々人に一種の経済空間を割り当てて、その内部において個々人がリスクを引き受けそれに立ち向かうことができるようにすること」、すなわち「社会政策の個人化」（178頁）、「民営化された社会政策への傾向」（179頁）を促進することとなる。唯一許される所得移転は、極度の貧困で市場に競争主体として登場することができない貧窮者を、再び競争主体として登場させるために必要な限りにおいて、すなわち市場における競争主体の形成という目的に合致する限りにおいてである（177頁、252頁）。

④労働者は、資本に雇用される労働力としてではなく、自らのもつ労働力を資本として、そこから利潤を所得として引き出すことができる資本の所有者として把握される。そのことによって労働者は、「ホモ・エコノミクス」となる。「ホモ・エコノミクス、それは、企業家であり、自分自身の企業家」（278頁）となる。そしてより高い利潤を自己の資本としての労働力から引き出すための「個々人の人的資本の管理、選り分け、改良」がその「企業家」にとっての最大の関心となり、「遺伝学的装備を考慮に入れ」ることまで含んで、結婚や子どもの養育が、「人的資本の改良」のテーマとして浮上する（281頁、282頁）。その結果、個人による「教育投資」――日本の現実に即して言い換えれば家庭ぐるみの子育て競争――が重大な関心の対象となる。そして新自由主義は「そのような行動様式のすべてを、個人企業という観点、投資と所得から成る自分自身の企業という観点から分析」（284頁）し、個人をそのような関心によって主体化されたホモ・エコノミクスとして「統治」することとなる。

市場への不介入という出発点の自由主義の原理は、競争を作り出す環境管理と、そのなかで競争の主体として生きる人間を作り出す主体化の環境管理として、社会への全面的な介入、人間の生の全面的な管理へと展開する。そして「技術、科学、法、人口にかかわる所与の総体……社会にかかわる所与の総体……が今やますます統治の介入の対象となっていく」(174頁)。この新自由主義の統治技術の展開のなかに、フーコーは「生政治」を見るのである。「自由主義が『自由放任』によって市場に自生的に競争が発生すると考えたのに対して、新自由主義は市場には自生的に競争は発生しないと考え、市場に介入して競争を生み出そうとする」のである。「つまり新自由主義とは、古典的自由主義の『自由放任』の原理とは異なり、市場の中に競争を構築しようとする『積極的自由主義［libéralisme positif］』であり、『介入的自由主義［libéralisme intervenant］』なのである[6]」。

補足するならば、このような環境介入権力としての新自由主義国家がめざす人材形成は、グローバル経済競争の論理に貫かれたものとなる。その特徴は、「人的資本論」の新自由主義バージョンとして展開される。またこのような人材要求に応答することができる人間が、自己の労働力を彼自身がそこから利潤を得るところの資本と認識し、その価値を高めるために自分自身に私財を投資し、労働力市場で競争に勝ち抜こうと努力する競争主体（ホモ・エコノミクス＝「経済人」）として育成される。またそれらを合理化する近未来社会論が、「知識基盤社会」と把握される（その批判的検討は、本書第6章の課題となる）。

以上のようなフーコーの新自由主義把握は、新自由主義の諸特徴――市場化、競争の拡大、民営化、福祉の縮小、教育における私的投資競争、非正規・低賃金雇用、等――を、グローバル化した経済世界の提示する規範と戦略にしたがう統治の新たな段階として統一的に把握する説得的な論理を与えている[7]。

（2）新自由主義権力による国民統合としての教育政策――新自由主義とナショナリズム

新自由主義の規制緩和政治による国民国家の民主主義的な国民主権政治の秩序の意図的解体――国民の一定の人権と労働権の保障、その国家的保障の仕組みの切り下げ――は、一方で、競争の論理を背景とした自己責任イデオロギーの浸透によって受容されるが、同時にその「社会破壊」は新たな不安を引き起こし、次のような回路を通して、強力な国家、排外主義をも伴ったナショナリズムを呼び出す。

第一に、新自由主義によって進められる「社会破壊」による社会統合の危機によって引き起こされる、自国の利益を守る強い国家権力、民族的結集を求めるナショナリズムへの要求を高める。第二に、グローバルな資本が世界から富を収奪し、自己の利潤として包摂する戦略によって引き起こされる世界競争が、国家や民族間の競争という形をその表層において示す――それは国家や民族による領土や資源の獲得競争という様相を伴う――ことによってナショナリズムを呼び起こす。第三に、新自由主義の支配が世界に引き起こす紛争やテロなどで、再び国家の軍事的管理力が競われるなかで、軍事的な側面からも軍事大国化を求めるナショナリズムが煽られる。安倍内閣はこれらを巧みに利用し、集団的自衛権の行使、海外への軍事進出、軍事大国化へ進みつつある。第四に、高度成長時代の経済的ナショナリズムの意識を利用して、アベノミクスという経済戦略を打ち出し、グローバル資本のための経済政策を、ナショナルな経済的復興の方策であると偽装しようとしている。第五に、それに加えて、歴史修正主義による民族主義的な共同体的国家イデオロギーとしてのナショナリズムが、いわゆる「靖国派」や「日本会議」の系統的な動き、教育やジャーナリズムへの働きかけを通して、系統的に高められてきた。アジア諸国からの日本の歴史認識への批判を嫌悪する一定の心情を逆に侵略戦争否定の歴史観によって引きつけ、保守右派の結集を図ろうともしている。

このような要素が結びついて、新自由主義の進展は、もう一方に、自民族第一主義、新たなナショナリズムを呼び起こす。ヨーロッパ諸国やアメリカをみても、新自由主義国家が排外的なナショナリズムと結合しつつある。この問題は、新自由主義権力の展開と結びついて把握されるべき課題であろう。

日本の場合、安倍政権の独特の国家主義的な性格、歴史認識における戦争反省の否定、アメリカの要請にしたがう軍事力の海外展開を意図する集団的自衛権実現の政策も相まって、より強い国家主義的、軍事大国的展開の可能性がある(8)。それと結びついて、学校教育への国旗・国歌強制政策や社会科や道徳科を通した国家政策と一体化する価値観を育成する教育が進められつつある。その方向性は、自由民主党の日本国憲法改正草案に象徴的に示されている(9)。驚いたことに、そこでは、憲法の存在の根拠が基本的人権と個人の尊厳の実現にではなく、国家の存在と持続が憲法的価値の根源にあるとされ、「日本国民は、良き伝統と我々の国家を末永く子孫に継承するため、ここに、この憲法を制定する」と規定されている。

そういう歴史的条件もあり、安倍内閣は、自己の新自由主義政策の展開、その破綻を、一方でナショナリズムに依拠して押し隠し、もう一方で道徳教育や歴史教育、政治教育によって、日本の国益意識、偏狭な愛国心教育、民族的共同体意識の形成などを進めようとしている。

2000年代に入って以降のこの20年は、教育政策は、新自由主義を基本としつつ、軍事大国化と一体化したナショナリズムの価値観がそれと深く結びついて展開しつつある。

三　教育的価値に対する新自由主義の管理統制の仕組み

（1）公教育管理方法の変化――「目標管理」による価値と人格統制へ

２０００年代に入って、教育と国家の関係が急速に改変されていった。そして教育の内的な価値が、以下のような仕組みによって緻密に管理・統制され、方向づけられるようになった。象徴的な事態としては、国旗・国歌法が１９９９年に制定され、その学校教育への押しつけを行い、それを学習指導要領を理由に正当化し、それにしたがわない教員に対しては法的な処罰がおこなわれる事態が生まれた。特に東京都では、２００３年に「10・23通達」が出され、国旗掲揚と国歌斉唱を教職員に義務づけることを通達した。この通達をてこに強力な「指導」が行われ、「違反者」には各種の処罰や制裁――戒告、減給、停職、再任用拒否、再発防止研修の強制的受講、等――が行われるようになり、処分は２０１６年４月15日時点で４７８件にのぼった[10]。

その事態は、「違反者」への処罰を、権力をもつ教育行政が直接下すという点では、政治的弾圧という性格をも帯びるものであった。その背後に、権力的体質をもつ石原慎太郎知事の強力な都政の展開があったこともあって、異常な右翼的権力的な教育行政の出現として受け止められた側面もあった。しかし今日からみるならば、実は、権力や教育行政が設定した教育の価値的目標を、教師の教育活動の一挙手一投足にまで及んで規範として提示し、法的根拠にもとづいて忠実に実施させるという、緻密で、効率的な目標管理という手法を教育支配のシステムとして構築していくための、一つの試行錯誤の過程であったとみることができる。その先に、以下のような緻密な目標管理とＰＤＣＡシステムが出現した。

①２００６年の教基法の改定によって、「教育の目標」を規定し、教育の価値内容に対する統制の法

的根拠とし、それに沿うものとして学習指導要領を位置づけ、その文言の解釈権をほとんど独占しつつ、教育内容への指示や統制を深化させていった。

②2006年に全国学力テストを決定し、2007年に悉皆《しっかい》テストとして実施し（2010年、民主党政権下で抽出調査化、2014年再び悉皆調査へ）、学校や個別教師の教育活動をその価値的な達成度によって計測、評価し、方向づけるシステムを構築した。

③教科書検定を強化し、指導要領を根拠に、学校教育内容への一層深い介入、改変が進行することとなった。社会的な論争テーマで、政府見解があれば必ず書き込むことを求め、2017年3月の検定では、解釈改憲の暴挙である閣議による集団的自衛権の容認などが、政府見解として高校教科書に書き込まれることになった。

④2006年の教育基本法の改定によって、自治体首長と教育行政が教育目標を設定し、学校達成目標として提示する仕組みが、「教育振興基本計画」体制として構築された。

⑤学校の職階が、校長、副校長、主幹、主任等として細かく階層化され、強固な上からの指導と管理体制が構築され、職員会議での議論の実質的な禁止等が進行し、教職員の専門性と協議に依拠した学校方針策定が困難になっていった。

⑥教育現場に目標管理システム、PDCA（Plan 計画―Do 実施―Check 検証―Action 改善）サイクルを導入し、教育の達成目標を上から提示し、その到達度で教育現場を管理し、教師がこのPDCAシステムに「協力」させられる仕組みが持ち込まれた。

⑦学力テストでの教師と学校の達成度をも加味した人事考課制度が導入され、それと昇級・昇格や

給与額が結びつけられる賞罰的教師管理体制が形成された。

これは、①NPM（ニュー・パブリック・マネジメント）という教育行政による価値統制システム、②PDCAによる学校教育の教育内容・価値の管理システム、③人事考課という労働者（教師）管理システム、④子ども自身の学力の質と達成度を国家が計測し、管理するシステム――学力テスト体制――の四つの教育の内的価値を管理するシステムを、一段と権力性を強めた国家および地方自治体、学校管理を担う権力の下で統合した支配のメカニズムである。

その特質は、教育＝学習活動、教師の教育活動の隅々、すべての過程（プロセス）に、上からの目標を実現する忠誠と自発的創意をどれだけ注ぎ込むかを計測し、競わせる仕組みを埋め込んだことにある。この目標管理手法による統制は、新自由主義社会の人間統制の一つの基本パターンと見てよい。そのため、教師は上から提示される目標の実現のために、その全エネルギーと注意力を注ぎ込まざるをえなくさせられる。いやそれに止まらず、本質的に共同的、集団的である学校教育において、拒否しようのないその共同性と一体化されたPDCAシステムによって、それに対する抵抗者を、横の関係――同僚との共同――を拒否する異端者として非難し、その動きを封じる効率的なシステムとしても機能するのである。そのために、子どもとの対話から子どもの発達課題を読みとる教師の専門性、その専門性に支えられて教育活動を創造的に発展、変革していく教育の自由、教師の専門性の自由もまた、封じられていくのである。

留意すべきは、このような目標管理体制が、政治による教育価値への統制を一挙に昂進させたことである。それは総務省が導入したNPM規定に明確に示されている。その規定においては、実現すべき目標は、議会制的代表制の下では行政トップ（首長や議会）が民意を反映して決定し、公務員はその目標実現の責務を負い、その達成度を管理するのがＮＰＭであること――すなわち、政治権力の選択した目標の実現のために、その下にある行政制度――学校を含む――を権力的に評価するシステムであること――が公然と指摘され、その出来具合に対しては「信賞必罰」で対処すべきことが提起されていた。(11)*

＊　ＰＤＣＡという方法が、疑う余地のない科学的で、手続き的にも理にかなった方法として、何かを達成しようとするあらゆる過程に導入されてきている。しかし実はその下で、あらゆる目的達成過程に権力が組み込まれ、人間の行動や労働や作業や、そして思考までもが、制約され、管理されつつある。

ＰＤＣＡサイクルは、最初は、生産過程の品質管理方法として提起された。Plan（計画）→Do（実行）→Check（評価）→Act（改善）のサイクルを繰り返し、業務を継続的に改善する手法である。企業の生産計画下で、その目標を合理的に達成していくという限定されたプロセスにおいて、それは一定の科学的な手続きとして機能する。しかしそれは、生産目標、生産の品質については、資本からの絶対的目標として提示されており、そこには資本の権力が前提とされている。その権力的統制はＰＤＣＡの全過程を貫き、人間とその労働力は、経営的合理性によって――例えばチャップリンの映画「モダンタイムス」で描かれたような機械部品としての合理性に基づいて――統制される。同時にＰＤＣＡは、労働者の自主性、主体性、創造性を最大限に引き出し、また労働者相互の競争をも組織し、さらに労働における協業の効率を最大化し、怠ける人間に対する相互監視システムとしても機能する。その意味では労働者の共同性を搾取する方法でもある。

しかし日本では、このサイクルが、工場的生産の場を超えて、ＮＰＭ（ニュー・パブリック・マネジメント）

として政治過程、行政過程に導入された。日本の行政にＰＤＣＡの導入を推奨した総務省『新たな行政マネージメントの実現に向けて』（２００２年５月13日）が、その性格を非常に明確に露骨に示していた。それは、「行政を一つの経営主体として捉え、新たに『マネージメント改革』という視角を設定し、経営改革という側面から、今後の行政の在り方について検討」するものとされ、そのサイクルを公的部門において機能させるためには、①「行政のビジョン・政策目標や目標間の優先順位づけを明示し、これを現場の業績目標につなげることによって施策体系を構築する……（戦略計画の策定）」、②「各業務の成果に対するパフォーマンス・メジャーメント（業績測定）を行い、その結果に応じたメリットを組織・職員に付与する……「成果志向型」行政の実現を図る」とする。「戦略計画」の実施のためには、「新たな集権的アプローチ」、すなわち「トップダウンによる集権的な取組が不可欠」とされる。そのために、組織を構成する職員に対し、「マネージメント・サイクルにおける評価によって得られた業績の測定結果に基づき、予算・人事等の面等職員の外発的期待に応えるメリットを与える信賞必罰型のシステムである」と規定されている。

ここでは、ＰＤＣＡのＰは、あくまで目標に従属した計画であって、目標そのものはＰＤＣＡサイクルの外にあることが明確に指摘されている。目標を決定する権力が、その目標を実現するために、ＰＤＣＡサイクルを廻すのである。（傍点引用者）。経営的手法では、生産目標は、経営層（資本）によって決定される。しかし行政過程では、住民の利益や福祉、人権保障等々の、そのサービスを受ける主体の側に即してその価値や目標を検討するという民主主義的な手続き、住民や当事者参加が必要である。しかし新自由主義の強権的統治は、政府の決定をいかに効率よく実施するかに狙いがおかれる。特に福祉削減、権利保障の切り下げ、住民サービスの切り下げを目標とした政治を、行政の窓口（自治体職員）に推進させるには、この経営的手法（ＰＤＣＡ）が不可欠となった。上からの絶対的目標を冷徹に実施し、住民参加を切り捨てていく手法としてPDCAが機能する。そこで実現されるべき価値内容（目標）は、議会制民主主義によって選ばれた首長や行政の意思こそが民意であるとして絶対化される。行政過程で働く公務員には、行政への絶対服従、提起された目標実現のための技術的専門性のみが求められ、忠誠を示せば、人事考課で報償される。経営においてはある意味で経済的合理性の背後に隠されていた権力的な性格が、政治過程に導入されることで、剥き出しの政治権力の統制として顕現化した。

このような性格的改造を経たPDCAサイクルが、学校教育を含む公共的な事業にも広く導入されてきた。公教育においては第一に、教育行政や学校管理層が決めた目標が絶対化され、それを忠実に実現させる管理と統制の方法となっている。第二に、この目標実現のために教師集団を機能させることによって、上からの統制としてではなく、教師の共同性そのものが、上からの目標に対する忠誠を強要する機能を帯びさせられる。第三に、教育実践は、子どもの現実に即して教育の方法や授業の課題・目的等が再吟味され、創造されていくべき過程であるにもかかわらず、提示される目標の絶対性によってそれが許されなくなる。そもそもPDCAサイクルは、それによって達成されるべき目的・目標（aim・goal）の決定がそのサイクルから剥脱され、それは権力に掌握されているのである。第四に、計画（Plan）の設定が、教育実践においては実践者自身による科学的「仮説」の設定であるべきものが、絶対的な目標とセットで強制されるものとなる。だから教師は「目標」を自分が検証する対象とは考えなくなり、目標に照らして計画を改善させられるものとなる。第五に、だから、教育実践過程それ自身が、教師の専門性に依拠して絶えず吟味され、教育的真理探求の過程となることが困難となる。その結果、教育的真理探求としての研究的、学問的性格、「仮説」を検証していく科学的探究、学問的探究実践としての性格を奪われ、子どもと教師が共感と理解、人格的な結合を深めていくプロセスが奪われ、教師と子どもは切り離されていく。

その結果、ＰＤＣＡは、新自由主義教育政策の権力的統制、管理の最も緻密で、強力な方法となり、国民の教育権を圧殺する。ＰＤＣＡで教育が改善していくかの素朴な受け止めも多いが、このような本質が理解される必要がある。

この目標管理システムのなかの中心的価値内容として「学力」がすえられ、権力の求める学力を数値化して管理する手法が編み出され、この数値を管理することを通して教育価値のありようを統制し、方向づけ、政策的意図を実現するための教育を作り出す仕組み、メカニズムが形成されたのである。

これは20世紀の後半において、日本で長らく続いていた国民の教育権論をめぐる国家と教育の自由の関係をめぐる議論の対抗線――それは１９７６年の最高裁学テ判決によって、国家の側に相当有利に傾いたのではあるが[12]――をはるかに超えて、教育の仕事を、その教育の仕事の内的なプロセスに入り込んで、国家の提示する価値基準で評価する事態――教育の憲法的規範としての教育の自由を深く侵食するゆゆしき事態――を生み出しつつある。新自由主義の手法による権力的介入の新たなシステムが、公教育の全体を覆うものとして組み込まれたのである。それは「新自由主義的合理性がもたらす秩序のなかで、支配がガバナンスとマネジメントに性質を変える現代的現象[13]」として、展開している。

そして今日、そのシステムの基盤の上で、道徳の教科化が進められつつある。道徳科では、徳目（指導要領の言葉では「内容項目」）を文科省が一方的に設定し、道徳教科書をその枠内に強固に統制した。この道徳教科書の作成、検定過程は、一切国民にその経過と内容が知らされず、文科省の「指導」の下に教科書会社が作成し、検定結果発表まで、完全秘密管理が行われるという異常な統制の下で進められた。高校では同じような手法で新教科「公民」が作られようとしている(14)。

さらに、このような統制と目標管理の基盤の上で、本来教育的価値の中核に位置している「学力」という概念が、国家によって規定され、暴力的なまでに専制的な力をもち、その操作で教育行政や国家権力が、学校教育の内的価値を大きく変質させつつある。その学力概念は、教師の教育実践による教育学的検証から切り離され、驚くほどに権力的であり、新自由主義の要請に沿うものとして規定されつつある。

(2)「学力」の位置の変化──「学力の政策概念化」

次に、新自由主義教育政策が、教育内容や教育目標、さらには学校教育の過程に対して直接及ぼす管理・統制の方法を、特に「学力」概念に焦点を当てて検討する。

以上に述べた目標管理体制の構築と平行して、学力概念が、新自由主義的な教育政策を構成するキー概念として、管理と操作の対象になった(「学力の政策概念化」)。そのことで、学力概念が、国家の側から規定、改変されていった*。それにより、文科省や教育行政が、教育内容や教育の内容的達成方向を管理する効率的で緻密な仕組みが構築されたのである。PISA学力調査を「導入」する教育政策のなかで、文科省は、学力の内容の議論に本格的に踏み込み、2006年の安倍第一次内閣の下で、学力テスト実施を決定し、2007年から悉皆の学力テストを実施した。2010年、民主党政権下で抽出調査になったが、安倍政権下の2013年、再び悉皆調査に戻った。

全日本教職員組合のアンケート調査(2018年4月から6月実施)は、この全国学テにより、さまざまな弊害が生まれていることを明らかにした[15]。そこでは、①回収サンプルの44・4％の学校で、「事前の特別な指導」実施、そのうち「過去問題の指導」は73・0％で実施、②全国悉皆調査と平均正答率の公表を可能としていることで、18・4％の学校で、平均正答率を公表し、学級ごとの平均点が公表されているものも1％ある、③解答のあった237市町村（政令市を含む）のうち、独自テストを実施してるのは小学校で実施＝92、中学校＝65となっており、市区町村レベルでも大きく広がり、一部の自治体で「全国〇〇位をめざせ」などの競争も生まれている、④大阪では市長が、全国学テの結果を教員の賃金や学校への予算配分に反映させる姿勢を示した[16]、などの問題点、弊害が起きていることが指摘されている。

＊　学力概念の政策概念化という把握について補足しておく。もちろん、例えば1960年代において、人的能力開発政策の側から、学力のあり方についての政策が展開され、例えばそれは富山県における職業高校と普通科高校の割合を7対3にするという七・三体制計画などを生み出した。また、「ゆとり」政策は、学力観の一定の変化をともなって「総合学習」の推進などとして機能した。にもかかわらず、それらの政策においては、ある特定の学力観をその内容に立ち入って規定し、その達成度を数値目標として設定し、その達成度を計測、評価するということはなかった。いわば教育制度的枠組みに関わる学力概念の政策的提起に止まっていた。しかし2000年代に入ってからの学力政策は、学力それ自体（すなわち内的事項としての学力内容）を具体的に規定し、直接の実現目標とし、その達成内容を計測するためのテストを開発し、学力テストで計測し、目標管理するようになった。「学力の政策概念化」とは、そういう変化の質を表したものである。

第一に、教育的価値の中核を構成すべき「学力」概念に対する国家的規定が開始され、それは学校教育法や新学習指導要領にも規定された。教基法の改定（2006年）によって、第2条に詳細な「教育の目標」が書き込まれた。同時に学校教育法の改定（2007年）で、第21条の「教育の目標」に、それらに対応する内容が付け加えられた。また学力については、第30条「教育の目標」の第2項に、①「基礎的な知識及び技能を習得させる」、②「これらを活用して課題を解決するために必要な思考力、判断力、表現力その他の能力をはぐくむ」、③「主体的に学習に取り組む態度を養うこと」（傍点引用者）が明示され、文科省の説明ではこの三つが学力の三要素として把握されることになった。その規定は、学力テストでその内容が客観的に測定可能なものとして設定され、その達成度が学力テストの「数値」によって検証されるものとされた。「主体的に学習に取り組む態度」は、「関心・意欲・態度」評価の対象とされるとともに、学力テストの「学習状況調査」によっても「計測」され、そのデータにしたがった生活指導も行われつつある。その画期は、2007年の安倍内閣による全国学テの実施である。そのことで、国家や教育行政が、教師の専門性や学校教育の自由を超え、それに優先し、あるいはそれを抑圧して、教師の教育活動をこの「学力」指標で管理、評価し、方向づける方法を手にした。しかもこのことが、権力による教育的価値の不当な支配の展開としてではなく、むしろより客観的な指標にしたがって、国家（権力）が「学力」向上のための施策を推進しているという説明責任が可能になったかのような受けとめも生まれている。それは国家による教育価値の支配と誘導の新たな段階を招来しつつある。

第二に、2000年代に入り、学力は教育をめぐる国際比較の価値指標へと変化した。OECDが、グローバルな経済のための人材育成視点から学力概念を提起し、そのためにPISA学力テストを展開し、世界的な学力競争体制が構築されつつある。その結果、新自由主義の国々において、学力競争への国家的対応が教育政策の中核的位置を占めるように変化し、ナショナリズムと新自由主義と「学力」とが教育政策において結合される事態が生まれた。その結果、学力向上という権力の政策のスローガンは、新自由主義的な労働力政策を補完するとともに、グローバル世界での国家の経済的競争力の強化を求めるナショナリスティックな心情に支えられて、国民に強く支持される側面をもちつつある。

第三に、狭義の「学力」だけを取り出して学校教育目標を数値指標化してその達成を競わせ、教師の人事考課やときには給与査定にまで及ぶ評価を組み込む「学力テスト体制」によって、学校は、この数値目標を競う競争システムのなかに組み込まれた。その結果、学校はこの学力追求に機能を焦点化し、学校や教師と子どもの関係を成り立たせる人格的な配慮や支援の機能を縮小されつつある。また学校の機能がそういう計測可能な学力に一面化していくなかで、それを「効率的」に補完し、教育競争を促進する教育商品を市場で販売する仕組みが分厚く形成され、いわば学校と塾教育の等質化が進み、「学力の政策概念化」と「学力競争の市場化」とが相補的に進む事態が促進されていく。市場での学力競争も、結果的には学力テストを通した方向づけによって国家的に管理され、その土俵の上で、学力獲得は子ども個人と家庭の競争的自己責任に任され、教育の過程が格差・貧困を再生産していくスパイラル機能を背負わされつつある。

このような学力概念と学力競争システムの変化が、新自由主義の下でのこの20年間で大きく進み、その変化の意味をどう把握し、それをどう批判し、あるいは改変していくのかが、教育政策と教育実践にとって不可避の課題となってきている。

(3) 教育目標の数値化と学校教育の変質

加えてその下で、教育目標の達成が数値管理化されることで、以下のようなさらなる教育の変質と権力的統制が進行する。

①学力などの数値の差に、学校、その教師の教室等々で実現されている教育価値の差が客観的に評価され提示されているとみる管理の方法が展開し、同時に親も社会も教師自身も、そのような指標が学校教育達成度のエビデンスとして提供されてくるなかで、その計測値によって学校を評価する思考様式を促進されていく。

②その指標は、受験競争で個人が求める学力達成度指標として現実的な根拠に裏づけられつつ、同時に権力の政策目標実現の指標ともなり、加えてその達成が教育価値のいわば政治的対立を超えた「中立的」で絶対的な教育目標として神聖化される。

③その結果、教育で獲得目標となる全体的な発達の要素に替えて、そのうちの一部である数値化可能な学力だけが評価の指標とされ、教育の仕事の目標は、一挙にその数値化可能部分へと重点移動し、焦点化され、一面化される。

④行政は、公教育管理の説明責任をこの数値指標を用いて行い、数値を教師に競わせ、失敗した教員への処罰を行う。それは教育政策の教育条件整備責任の不十分さ、意図的サボタージュなどを押し隠し、教育目標の未達成の全責任を教師の側に押しつける構造を生み出す。教育行政は、この数値化された達成指標の管理により、自らの教育条件整備を核とする公教育への責任を、教師評価によって代替し、教員管理、

統制を正当化し、絶対化する仕組みを入手する。

⑤その結果、子どもの実態に向かい合った教師の専門性による子どもの内面世界の豊かな発達の追求、教育実践による教育的価値の発見、検証過程が奪われていく。教師と子どもの間の人格的応答が縮小し、断念され、学習の権利主体である子どもが教育の場に提示する要求の無視と遮断が起こる。子どもは生きる主体から、その数値によって判定され、努力目標を与えられる対象（客体）へと組み替えられる。

⑥その数値に依拠して、学校教育の目標や子どもの成長の目標がコンピュータで処理可能なものに一面化される。ビッグデータに依拠して個々の子どもを診断し個別学習課題や方法をあてがうことが最適の指導とされるようになり、その方法が学校教育にも浸透していく。教師の専門性はコンピュータ的なビッグデータによる診断に置き換え可能なものとなっていく。

⑦そのような数値目標を達成するために求められる必要な学習規律と学習方法が、「スタンダード*」などという形であらかじめ規格化され、教育実践に押しつけられる。それは、子どもの個々の思いや内面の葛藤や課題、あるいは子どものつまずきなどに即して、学びの過程を改変する専門的な工夫を排除し、指導をマニュアル化し、機械化し、個に即した生き方を生み出す教室空間を消滅させる。

⑧それは子どもが生きる空間を学校から奪い教室の崩壊を招く。それに対する新たな数値管理がセットされる。ゼロトレランス（新たなスタンダード）により、子どもの行動や態度を数値化し、その数値管理を通して危険を排除し、処罰し、学校秩序を維持する方法である。トレランス（寛容）ゼロは、教育的指導ゼロの行動管理に他ならない。人格のすべてが数値管理の対象とされるようになる。

⑨かくして学校教育は、グローバル人材形成を中核とした行政の提示する目標に沿って、コンピュータ

的数値処理によって緻密に統制可能な人材形成の場へと組み替えられる。この数値管理に対する異議申し立て、抵抗が抑圧される度合いに応じて、教師の専門性と学校の自由が剥奪され、教育目標と教育価値の争奪戦は、資本と権力と教育行政の勝利へと傾斜する。

＊ 板書の仕方、子どもの挙手の仕方から「黙食」、下駄箱の靴の並べ方、等々に至る詳細な授業の仕方と手順、子どもの行動の仕方などが、各種のレベルの「スタンダード」として授業や子どもの行動に対して規範として課せられるようになっている。もちろん、優れた実践の試された手順やパターンが一つの授業のあり方、モデルとして参考に提供されること自体はありうるが、それとは異なったレベルの問題がここには含まれている。第一に、教育目標とそれを実現していく方法（やり方）とは不可分に結びついている。子どもの実態、授業過程で新たに発見された子どもの課題などに即して教育の目標、課題を絶えず再発見し、それに応じて教育の方法、子どもに取り組ませる課題を柔軟かつ創造的に発展させていく教育実践の創造性――それは同時に教師の専門性の開発と蓄積でもある――は、画一的な授業方法を機械的に遵守させるという方法によって、禁止されてしまう。したがってまたその意味では「方法」を縛る「スタンダード」は、その教師の実践の目標を、上から提示された教育目標に縛りつけ、管理する目標管理手法の一環に組み込まれている。第二に、「スタンダード」という形で教師の指導を統一化することは、子どもに対する権威的教育力を組織する方法となる。そしてそれはたとえ短期的であったとしても、「即効的」な教師集団としての「教育力」を生み出す。強力な規範の押しつけ、それに対する画一的な対処と罰的対処がセットになり、子どもに押しつけられるとき、そこに秩序を強制する強力な力が生み出され、それにしたがうという規範が大きな権威をもつことなる。そしてその

権威に依拠することで、子どもへの指導力が確保されたかに見える「効果」が現れる。その「権威的指導力」こそが、指導力に不安を抱えた教師にとっての魅力となり、そこからの孤立は、直ちに、子どもへの指導力をもたない教師だという批判を受けることにも繋がる。「スタンダード」を批判する教師は、教職員が努力して作り上げようとしている協同的教育力に敵対する者として、いわば村八分的な苦境にその教師を陥れる可能性すらもって、子どもに寄り添おうとする「異端」者を抑圧する機能をもつ。第三に、そのスタンダードがもつ教育観が、次第に教師の教育観へと浸透していく。スタンダードのその機械的硬直性は、絶えず子どもの行動をその規範への忠誠性、順応性の視点から把握し評価しようとする教師の指導観を生み出す。したがって、規範を乱し、抵抗し、秩序を乱す子どもの内面に降り立って、そこから子どもの内面的葛藤をつかみ、子どもを理解しつつ新しい生き方を切り拓いていくような共感的な子ども指導を切り拓く教師の専門性が立ち上がってこない。そのため、教師は絶えず、「〇〇しなさい」という行動規範、行動的徳目を押しつける冷たい法（規範）管理者、道徳的お説教者として子どもを叱責し、違反した子どもに対する評価と罰則に依拠するものとなり、真の子どもへの指導力を奪われていく。第四に、「スタンダード」という規範は、子どもから、真の共同を作り出す試行錯誤、自治に依拠した規範の形成と合意、真の民主主義への経験を奪う。生きるために必要なことはすでに存在する規範への従順であって、自分たちが規範を作り出す主体であること、既存の規範それ自体もまたよりよい生き方のために自分たちでつくりかえるべき対象でもあるという経験を奪われる。第五に、教育委員会や学校管理層からの「スタンダード」の押しつけは、教師の専門性が機能するために欠かせない授業の自由、それらの共同によって生み出されるべき学校教育の自由を奪うものとなる。教育課程の編成権が学校にあるとされている現在の日本の教育法体系理解（指導要領にも明示）、ユネスコの「教師の地位に関する勧告」（1966年）の「八　教員の責任と権利」の「職業上の自由」規定からしても、何よりも個々の学校や教師の専門性をこそ土台にしたものと把握されるべきであり、「スタンダード」の押しつけは、それを奪うものといわなければならない。これらの性格は上から規範を張り巡らし、人々をその規範にしたがわせるという新自由主義的な教育統制の典型である。

さらに付け加えるならば、この数値による学校の目標管理システムは、学校経営における企業的管理方法の導入を促進する。今、私学における学校経営が次のような方向で、変化させられつつある。

①学校が達成すべき「人間教育」の目標が数値管理可能となることによって、数値的目標管理とPDCAシステムの導入によって学校が管理可能な経営対象となる。その結果、企業的経験をもった経営者が、学校経営の主体として登場しやすくなっている。

②彼らは、教師の専門性を信頼しないし、必要とも感じていない。経営者の意図に沿った目標を達成するスキルのみを求める。

③生徒の学力と人格の両方を管理する手法も整えられることになる。生活指導はゼロトレランスによる。ゼロトレランスとは強権的な管理を意味するものではない。新自由主義の最も合理的な経営手法である。それは新自由主義的な法規範による統治である。ある規範を決め、それを犯すかどうかは生徒任せである。ただし侵せばペナルティーが科せられる。そこには教育的指導は不必要になる、だから最も安価で経済合理的な「教育」となる。ゼロトレランスとはしたがって教育的指導や教育的配慮ゼロの生徒管理方法であ

る。これを犯す生徒は、学校の外へと排除され、そのことによって学校秩序は保たれる。

④この学校経営方法は、学校という事業で利益を得ようとする野心家にとって、魅力ある経営方法となる。教育データ産業、教育コンサルティングサービスと結合して、学力競争から生み出される教育サービス需要に対応すれば、立派な教育企業としての評価を受けることも可能になる。それに敵対する組合つぶしが、不可欠の経営上の戦略となる。

（4）教育行政の性格変化と民主主義の変質——ガート・ビースタの指摘

このシステムの下で、達成すべき数値目標に教育活動が縛られ、教師の専門性による教育活動と人格発達の診断という検証過程が無視され、親たちの教育への願いも、ただ子どもの進学学力の達成という指標だけで汲み取られ、教育が本来どうあるべきかの根本的な教育目的をめぐる民主主義的議論が縮小していく。そこでは対費用効果という経営論的な合理性がさらに強力な指標として組み込まれる。

この問題について、ガート・ビースタの『よい教育とはなにか』は、重要な指摘をしている。ビースタは、「過去何十年かかけて、説明責任の考え方がいかに専門的で民主主義的な概念から基本的に経営的な概念に変容してきたか」、そして「管理的な説明責任の体制が、応答的な行為の機会にいかに打撃を与えてきたか」、「説明責任の技術・管理的な定義が実際に、応答責任のある行為の機会をいかに侵食してきたか」[17]を批判している。そしてビースタは、「我々は、効果的なだけの教育（その効果がエビデンスで示されている教育——引用者補足）に賛成論を唱える代わりに、『何にとって効果的なのか』を常に問うことが必要である」（28頁。以下この文節のカッコ内数字は、『よい教育とはなにか』の頁数を指す）と指摘する。「エビデンスに基づく実践」では、「教育とは、そのなかで手段と目的の間に明らかな区別があり、目的は所与のものであり、求められるべき唯一の重要な（専門的かつ研究的な）問いはこれらの目的を達成するための最も効果的で効率的な方法についてであると仮定されている、工学的なプロセスと理解されうる」（56頁）ものとなっている。すなわち「エビデンスに基づいた実践の議論が技術的問い――『何がうまくいくのか』についての問い――にのみ焦点を当て、その一方で何が教育的に望ましいかについての規範的かつ実践的な問い、つまり、何がよい教育を構成するのかについての問いへの批判的な探求の必要性を忘れている」（74頁）と述べる。「研究者と実践家は、目的についての探究にも関わるべき」であり、「民主的な社会とは厳密に言えば、教育の目的が所与のものである社会ではなく、議論や熟議を要する絶え間ない問題である社会なのだ」、と主張するのである。エビデンスの下で機能する教師の説明責任は、「監査者、政府の部門、資金提供者、法律基準に対する説明責任」（68頁）に一面化されており、それは「真の利害関係者を『説明責任の環』の外へ追い出している」（86～87頁）とも批判する。

このビースタが指摘する専門性の変質、そして国家や行政から強制された目的にしたがった技術的専門性が、数値的エビデンスによって計測され、評価され、権力的な統制が、教育目的や教育的価値とは何かの議論を排除しつつ、恐ろしく緻密、冷徹、かつ「合理的」に展開するのである。*

＊　「エビデンス（evidence）」という言葉は、教育の成果を現す証拠という意味で使われる。しかしそれは、数値によって検証されるものとして取り扱われるときは、直ちにはその評価を明確な数値的明瞭性において証明しえない教育の目標を、教師の教育実践の目標から排除する。また数値的エビデンスは、いわばその背景に

ある価値の選択――したがってどういう価値を追求すべきかに関わる選択、そのための民主的な討論と合意の過程――が存在することを押し隠し、あたかもそこで計測された達成度が教育の仕事にとって中立的――したがって疑いを差し挟む余地がない絶対的なもの――であるかに認識させる。しかも、この数値目標は、新自由主義的教育政策の下で、権力の側から、行政の側から下ろされてくる性格が強まっている。しかし、権力的な内容統制的価値の押しつけであっても、数値化されることで、それは教育に即した目標であるかに装われて、支配と統制という性格を押し隠す。そこでは何をこそ教育の目標とすべきか、そしてその目標ははたして数値によって評価可能であるのかの、教育評価の民主主義にとっての根本問題がオミットされ、そのすべてが権力の判断、経営層の判断に一任されていく。その結果、教師の専門性の下で、その目標の達成（数値的エビデンス）が本当に子どもの成長や学習にとって価値あるものとして機能しているかどうかを教育実践を通して検証する手続きが、排除されていく。しかしその数値的エビデンスは、受験というハードルに対しては、ある種の客観的な効果をもつ指標として機能する面があり、それがこの数値エビデンスの社会的「権威」を支えている。

（5）公教育管理方法の変化――市場化、民営化、教育資本の支配

安倍内閣の進める「教育改革」は、同時に、子どもの発達権、学習権保障の公教育の仕組み自体の解体と破壊に向かって進められつつある。

教育の格差の拡大、権利としての教育の大きな後退が生まれている。教育を受ける権利は、すべての子どもに等しく保障されなければならない。しかし日本の教育システムは、社会の平均的な教育サービスの相当部分がすでに民営化、自己責任化している。

具体的には、①幼児教育の私費負担割合は、ＯＥＣＤ平均を大きく上回り、54・6％（ＯＥＣＤ２０１１データ）、②義務教育段階で、塾などの私的支援システムを不可欠とする仕組みが一般化し、③高等教育学費が異常に高額ななか、私費負担率は、ＯＥＣＤ平均を大幅に上回る65・5％（ＯＥＣＤ２０１１データ）、というような状況がある。それと子どもの貧困率16・3％（２０１４年度、厚生労働省）、ひとり親家庭の貧困率5割超などの貧困格差が連動して、教育を通して格差・貧困が循環的に拡大していく貧困スパイラルが、日本社会に起動している。現在の新自由主義政策は、その社会破壊が生み出す格差・貧困の増大、福祉政策の後退、そして教育の「自己責任化」、等の相互作用のなかに、教育による貧困の再生産システムを起動させ、公教育の過程が同時に国民の分断を拡大する機能を拡大させつつある。その結果、公教育が新自由主義のサバイバル競争システムのなかに一層深く捕らえられるという事態を生み出しつつある。

また、新自由主義政策による福祉や公教育費の削減で公教育が貧困化している。教師の超過勤務時間は、平均で過労死ラインの月80時間を超え、校内での残業は72時間56分、家への持ち帰り仕事を含むと95時間32分に達している。[18] 発達上の困難や貧困が拡大し、専門的かつ人間的なケアや支援が子どもに不可欠な状態にありながら、それを提供すべき社会の側の教育的福祉的な労働は、自由と専門性を奪われ、多忙化と疲労のなかで、この危機に対応する力量を奪われつつある。その結果、発達困難や矛盾が生み出す教育要求は、教育資本が提供する市場的教育サービス提供メカニズムの拡大へ導かれる。そのなかで、資本が、社会の教育資産を自らの私的資産として収奪、蓄積し、一国の教育文化や教育の仕事のスキルを蓄積、コントロールして、国民の教育への要求を独占的に組織、掌握するほどの力を蓄えつつある。[19]

ここで強調しておかなければならないことは、公的な教育、さらに広く子どもの成長を支える公的、私的（家庭的）教育の全体的な営みは、豊かで質の良い、さらに平等で権利として保障される公共的教育資産（教育制度、施設、さらに教育内容やそこに提供される文化資産を含んで）の土台で、達成されるということである。そしてそれら全体に対する国民的コントロールが、子どもの学習権、教育権の実現のためには不可欠であるということである。国民の教育権論は、そういう教育という文化的営みの全体——学校教育と社会教育の全領域——が、国民、住民の主権者的統治の下に営まれるための権利論の構造を提起するものであった。しかし教育の民営化、教育文化の教育資本による膨大な集積と私的占有化、ビッグデータに基づく教育のノウハウの蓄積と私有化（特許化による独占化を含む）によって、国民主権、住民自治、教育自治の世界で教育価値が吟味され、すべての子どもの権利実現のためにこれらの社会的教育資産が公的権利保障システムとして働くという仕組み——国民の教育権実現の基盤——が奪われていく危険性の下におかれつつある。教育資本の利益の観点から膨大な教育文化資産——教育ビッグデータ、教育のノウハウ、教育カリキュラム、等々——が資本に占有されていく。このような国民の権利としての「教育の自由」の仕組みの後退の危機という、現代の新たな困難にどう向き合うのか。山本由美や鈴木大裕の紹介する資本による公教育の支配というアメリカの教育の現実を日本のモデルとしてはならない[20]。

四　今日の教育政策分析に求められる視点

以上に見てきたような現代日本の新自由主義教育政策の全体構造を見るとき、以下の視点が政策分析の方法論として、明確に位置づけられなければならない。

第一に、新自由主義を、その権力構造の変容と、グローバル資本の世界戦略、利潤獲得戦略のトータルな関連構造のなかで分析する必要がある。それは単なる政策手法の理論ではなく、社会の構造そのものをグローバル資本の利益の観点から改造しようとするプロジェクトであり、新自由主義権力の出現によって展開していく社会改変の方向性とその手法の全体性によって規定されるものである。

第二に、したがって、それは社会の富、資本主義の高度な発展段階において蓄積された巨大な富の配分をどのような目的のために、どのような利益のために配分するかという根幹において、大きな改変が進行するということを示している。その結果として、富の社会的投資・配分にグローバル資本の利潤の増大を目的とした方向づけが強力に行われ、社会政策の全体がその基準で構造的に改変されていくこととなる。そして公教育のありようもまたその一環に位置づけられ、強力に再編されていくこととなる。

第三に、それは権力構造の転換を伴っている。「(新)自由主義」という看板は、決して国民の自由の拡大を意味しない。公共的な営みを市場の論理に委ねるという論理だけで見れば、権力が直接統制しないという意味で、自由が拡大したかに見える部分があるが、その自由であるはずの市場すらもが目標管理やPDCAシステムで評価管理下に置かれている。フーコーのいう「生政治」の手法で、「環境管理権力」が強力に作用し、人々を競争の仕組みに向かって「主体化」する統治技術としての政策が展開されていく。それは社会に対する権力的統制の新たなバージョンである。そしてその下において公教育は「緻密」に統制されてきているのである。その事態の危うさを、教育政策分析は見逃してはならない。

第四に、そのこととも関係しているが、新自由主義国家権力は、グローバル資本の利益の観点から社会改造を企図している。そしてそのために、社会の富や公共的な営みを、主権者の権力によって統治する仕組みを後退させている。それは社会の仕組みから民主主義を取り除こうとするものである。それは、議会制民主主義の形骸化、公共的な営みを直接資本に委託・民営化し、資本のサービス商品の市場に改変すること、公教育の価値内容選択の直接の担い手である教師や父母・住民の関与の否定、等々を多様な手法で進めつつある。その結果としての国民の教育の自由は構造的に非常に後退させられつつある。教育の権力による統制への批判は、この事態の展開の危うさを明確にし、教育における国民主権理念、「教育の自由」の理念を新たに発展させていく論理の構築を担わなければならない。

第五に、教育の目標として掲げられる人間像、学力像、その土台にある未来の労働の姿などが、教育政策を規定する土台に深く組み込まれ、そういう部分における新自由主義的な規定が、今日の新自由主義教育政策を正当化し、不可避のものとして合意を調達する役割を果たしている。したがって、今日の新自由主義の教育政策の批判のためには、「知識基盤社会論」をはじめとして、あらためて私たちが、労働や学力や未来の社会像をどのようにとらえるのか――そのことによって現代社会の競争的なベクトルをどう相対化するのか――が併せて、提起されなければならない。

第六に、これらの課題の土台に、国民国家の歴史的性格をどうとらえ、現代の巨大グローバル資本を統御する人民の主権を如何に再構成しうるか、その際に国民主権が、その土台の上に立つ国民国家の政治が、どういう質をもって再構築され、いかなる役割を担うべきかという問題が浮上している。憲法問題はそのことと不可分に結びついている。結局それは、現代の民主主義――グローバルなレベルから国民国家の民主主義、そして地域や生活、労働、教育の場における民主主義、如何に人間の尊厳をさまざまな関係性のなかで最大限に実現するかの民主主義――とは何かを問うことに繋がっている。

【注】

（1）渡辺治・岡田知弘・後藤道夫・二宮厚美『〈大国〉への執念——安倍政権と日本の危機』（大月書店、2014年）、同『新自由主義か新福祉国家か』（旬報社、2009年）、渡辺治『構造改革政治の時代——小泉政権論』（花伝社、2005年）、デヴィッド・ハーヴェイ／渡辺治監訳『新自由主義——その歴史的展開と現在』（作品社、2007年）等参照。

（2）2016年10月に放送されたNHKスペシャル「資本主義の未来」（3部作）は、現代のグローバル資本の経済活動規模と国家の財政規模とを一緒にして額の多いものから並べると、上位100位までに、企業が70、国家が30という状態にまで変化したことを示していた。国家とグローバル資本の力関係の変化、そのメカニズムについては、ウルリッヒ・ベック／島村賢一訳『ナショナリズムの超克——グローバル時代の世界政治経済学』（NTT出版、2008年）参照。

（3）ミシェル・フーコー／慎改康之訳『生政治の誕生』（筑摩書房、2008年）、344頁。

（4）ミシェル・フーコー／田村俶訳『監獄の誕生——監視と処罰』（新潮社、1977年）。

（5）フーコー、前出『生政治の誕生』、304頁。

（6）佐藤嘉幸『新自由主義と権力——フーコーから現在性の哲学へ』（人文書院、2009年）、34頁。

（7）このようなフーコーの新自由主義把握については、特にマルクス主義的な理論に依拠した新自由主義分析との間に大きな差異がある。ウェンディ・ブラウン／中井亜佐子訳『いかにして民主主義は失われていくのか』（みすず書房、2017年）は、その第二章「フーコーの『生政治の誕生』——新自由主義の政治的合理性の見取り図」においてその検討をしている。私自身の『生政治の誕生』についての読み取りに関しては、佐貫浩「M・フーコーの新自由主義把握の検討」（法政大学キャリアデザイン学会紀要『生涯学習とキャリアデザイン』第13巻第1号、2015年9月30日）参照。

（8）坂本雅子『空洞化と属国化』（新日本出版社、2017年）参照。坂本はこの中で、日本のグローバル資本が、中国に対抗してアジアでの経済競争に勝つために、アメリカの世界支配政策に従属した安倍内閣の軍事戦略、アジア覇権戦略に与する道を選びつつあり、その結果、日本のグローバル資本の戦略と安倍内閣の軍事大国化路線とが深くつながりつつあると指摘している。その点で、日本のグローバル資本は、自己の利益を拡大するための世界進出のためにも、日本の軍事大国化を、そしてその意味では国家主義を不可欠の条件として把握しつつあるように思われる。

(9) 自由民主党の「日本国憲法改正草案」(2012年4月27日)は、その「前文」で、「日本国は、長い歴史と固有の文化を持ち、国民統合の象徴である天皇を戴く国家であって、国民主権の下、立法、行政及び司法の三権分立に基づいて統治される。……日本国民は、国と郷土を誇りと気概を持って自ら守り、基本的人権を尊重するとともに、和を尊び、家族や社会全体が互いに助け合って国家を形成する。我々は、自由と規律を重んじ、美しい国土と自然環境を守りつつ、教育や科学技術を振興し、活力ある経済活動を通じて国を成長させる。日本国民は、良き伝統と我々の国家を末永く子孫に継承するため、ここに、この憲法を制定する。」と規定している。基本的価値を持つのは国家であり、その価値を実現し、継承する責務を担っているのが国民であるとするこの規定は、基本的人権と幸福追求権の実現のために国家を形成するという国民主権の理念を180度転覆した規定となっている。

(10) 学校に対する君が代斉唱、日の丸掲揚の強制を憂慮する会『学校に思想・良心の自由を——君が代不起立、運動・歴史・思想』(影書房、2016年)参照。

(11) 総務省『新たな行政マネージメントの実現に向けて』(2002年5月13日)。

(12) 1976年最高裁学テ判決は、教育の内的価値に対する権力の統制的介入を批判するという側面を基本としつつ、同時にもう一方で、現実の学習指導要領による教育内容への統制を、法的拘束性をも含んで容認することに繋がる論理を提示し、また国の「国家教育権」の主張を退ける一方で「国民の教育権」の論理をも退けるものとなった。そのために、今日の段階では、この最高裁学テ判決は、教育に関わる裁判の最も中心的な規範としての位置を占めているにもかかわらず、日本国憲法が提起する国民の教育の自由の論理を、現実に展開されている各種の教育への権力統制に対する批判、規制の論理として機能させる役割を果たしきれないものとなっている。もちろんそれは、単に学テ判決の文言的な性格のみによるものではなく、その判決の論理がもっている一定の可能性を現実的な力へと機能させていくたたかいの不十分さの結果でもある。

(13) ウェンディ・ブラウン/中井亜左子訳『いかにして民主主義は失われていくのか——新自由主義の見えざる攻撃』(みすず書房、2017年)、13頁。

(14) 道徳教育政策の分析、自由民主党改憲草案については、佐貫浩『道徳性の教育をどう進めるか』(新日本出版社、2015年)参照。

(15) 全日本教職員組合「『学力テスト』実態調査アンケート集計結果について」(2018年9月12日)。宮下直樹「数値で教育を管理する全国一斉学力テストは、破綻している」『前衛』2019年1月号参照。

(16) 大阪市は、当初、全国学テの結果を教員評価に反映する制度を検討していた。しかし文科省からは不適当な利用であるとされた。その結果、大阪市教育委員会は、市の学力経年調査(小学校)、大阪府の「チャレンジテスト」(中学校)の結果に基づいて、その達成度を校長の人事評価に組み込んで、ボーナスの支給額に反映させる方針を出し、2020年度から本格実施するとした。教員については、市教委から提供されるテスト結果を参考に、校長が評価するとした。点数アップに貢献した教員の表彰や、成果を残した学校への予算を特別配分(1・6億円分)する制度も設けるとしている。「朝日新聞」2019年1月30日付、同2019年2月7日付による。

(17) ガート・ビースタ/藤井啓之・玉木博章訳『よい教育とはなにか——倫理・政治・民主主義』(白澤社発行、現代書館発売、2016年)、18頁。

(18) 全日本教職員組合『勤務実態調査2012』。

(19) 児美川孝一郎「民間教育事業の公教育への『侵蝕』の現段階」民主教育研究所編『人間と教育』(100号、2018年冬)、教育科学研究会編『教育』2019年6月号の小特集「市場化する学校」の諸論文を参照。

(20) 山本由美『教育改革はアメリカの失敗を追いかける』(花伝社、2015年)、鈴木大裕『崩壊するアメリカの公教育』(岩波書店、2016年)参照。

第2章 学力と人格の関係を考える
——新自由主義教育政策の本質と「資質・能力」規定——

強固な新自由主義の規範に囲われて生き方が誘導され、子どもたちは同じ方向に向けてどれだけ早く頂上に登るかという競争に囚われ、全力を注ぎ込む。その力が束ねられた社会が一体どこに向かうのかは、不安として感知されても、この巨大なベクトルを制御する方法を見いだせないままに、現代が展開する。自分の存在の価値とは、生きる意味とはなにか、どうして生きられない思いに襲われているのか、「私」の願いに依拠した生き方を貫きたい……。これらの願いに立ち戻り、人間のなかにある力量と資質のすべて——知と科学、価値の意識、感情と情動、身体、意欲、等々——に問いかけ、活性化し、現代を閉塞させているシステムの縛りと認識の壁に対抗する変革的主体性を立ち上げたい。いま抱いている人間としての根源的な欲求を基盤にして、子どもたちが主体として生きられる道を切り拓きたい。

一 教育の価値を管理する新しいシステムの展開
——「資質・能力」規定による人格の方向づけ——

この問題を考えるためには、現代の新自由主義の人間把握、人間「活用」戦略の全体的な狙い＝目的を把握しておかなければならない。

第一に、人間を労働能力の所有者としてすなわち人材として把握し、グローバル資本の利潤獲得戦略から要請される人材形成がめざされる。その現代的な内容は、今まさに学力論として展開しており、その一つの到達点が、ＯＥＣＤが提起したＰＩＳＡ型コンピテンシー論であり、あるいは日本の政府が進めようとしている人材育成政策にある。

第二は、現代の新自由主義社会のなかに自らの存在を位置づけて、この社会の要請や秩序を主体的に内面化し、その論理や価値観に沿って現代新自由主義社会の目的を自ら積極的に担うような規範、行動様式の主体的な担い手を育てることである。

第三は、現代新自由主義社会は、グローバル資本を主役とする経済秩序を土台としつつも、その経済の要請に応える権力構造の創出をともなった経済と政治の全体的システムとして展開している。そのために国民をこの経済・政治体制に包摂し、同意を調達することが不可欠となる。そこに軍事大国化と結合した新保守主義、さらには排外的ナショナリズムなどのイデオロギーが、新自由主義と結びつく展開が生まれる。このような価値や規範に即した国民的統合が、公教育の目的として提起される。

以上の三つが、現代の新自由主義の下での安倍政権の教育政策の根幹において、人間（国民）形成の目標として貫かれている。

これらの目的を実現するために、２０００年代に入り、どんな学力を形成するかを直接政策が規定する方向へ一挙にターンした。また、ＰＩＳＡ学力の国際的競争のなかで、グローバルな学力競争に勝つことが国家的な要請ととらえられる変化が生まれた。そして学力テストで学校教育の達成度を数値的指標を用いて評価し、目標管理する仕組みが導入された。教師は、ＰＤＣＡで、その目標達成への忠誠と協同を競わせられ、学校は、上から提示された学力目標を達成する「教育工場」化されようとしている。さらに今回の学習指導要領は、「資質・能力」規定を組み込み、人格そのものを方向づけようとしている。

（1）ＰＩＳＡコンピテンシー論とその日本への導入の特質

２０００年代の学力政策を主導してきたのは、ＯＥＣＤのＰＩＳＡ学力論とコンピテンシー理論であった。学力をＯＥＣＤ型コンピテンシーとして把握することの意味と問題点とは何か。

学力を単に知識の獲得としてではなく、その知識を使いこなせる活用力等に拡張して把握することには積極的な意味がある。それは日本型受験学力が、暗記型学力へと傾斜したことへの批判としても有効である。また知識や技術の応用のためには、それに必要な身体的能力（頭脳、神経ネットワークの形成、筋力やそれらの調整力、等々）が不可欠であり、学力をそういう全体性において把握しようとするものであろう。

しかし、ＯＥＣＤ型コンピテンシーは、①「道具を相互作用的に用いる力」＝「リテラシー」、②「異質な集団で交流する力」、③「自律的に活動する力」という三つのコンピテンシーで学力の全体構造を把握しようとしていた[1]。この②、③のコンピテンシーは、グローバル経済の人材開発戦略の視点から構想されたものであるという面と同時に、「社会的コンピテンシー」として、能動的市民として労働や政治や文化の主体として生きる力を構成するものという性格をもつものだった。しかもそれらは、学力テストで計測可能だとは把握されておらず、テストの対象としては①の「リテラシー」のみが、応用型学力として計測対象とされていた。

ところが、日本の学力テストは、このPISA型学力を一面では参照しつつ、日本型受験学力の枠組みの土台の上にそれを移入しようとした。第一に、PISA型学力では学力を獲得する主体の側の能動性がコンピテンシーの②と③に深く依拠しているという構造は切り捨てて、リテラシー型の悉皆学力テストの実施により子どもを学力競争に追い込むことで——すなわち競争的意欲を促進する土台の上に——人格的エネルギーを引き出すという戦略を取った。そのことによって、自律的な人格的主体性の形成は取り払われてしまった。第二に、PISA型コンピテンシーがその一つの前提にしていた市民的能動性（PISA型コンピテンシーの②、③）を、新自由主義的な自己責任型の競争サバイバルへの挑戦と、ナショナリズム型の世界観、歴史観、道徳観、安倍内閣の進める軍事大国化へ心情的に一体化する「愛国心」などで喚起される「生きる意欲」を獲得させることで代替しようとした。* 新学習指導要領は、「資質・能力」規定でそういう価値観の獲得、行動様式の獲得を「学力」に組み込み、それを評価の対象とし、人格形成を管理する方向へ踏み出しつつある。

* シュライヒャー（OECDの教育・スキル局長）は、そのような日本型の「生きる力」路線を、PISA型コンピテンシーの新たな発展であると評価し、「アクティブラーニングの導入や道徳教育の教科化といった日本のカリキュラム改革は世界でも先駆的だ」（「朝日新聞」2015年9月18日付）と述べていた。シュライヒャーの誤解は、彼の見識の欠落によるのか、それともOECDのPISAテストそのものの歪みに由来するものなのだろうか？

（2）「資質・能力」規定の意味と危うさ

中教審答申（2016年12月）は、「各教科等において何を教えるかという内容は重要ではあるが、これまで以上に、その内容を学ぶことを通じて『何ができるようになるか』を意識した指導が求められている」とし、「資質・能力の三つの柱に基づく教育課程の枠組みの整理」として、以下の三項目を規定した。

①「何を理解しているか、何ができるか（生きて働く「知識・技能」の習得）」

②「理解していること・できることをどう使うか（未知の状況にも対応できる「思考力・判断力・表現力等」の育成）」

③「どのように社会・世界と関わり、よりよい人生を送るか（学びを人生や社会に生かそうとする「学びに向かう力・人間性等」の涵養《かんよう》）」

この③については、その具体的内容を、「新たな価値を生み出す豊かな創造性」、「グローバル化の中で多様性を尊重するとともに、現在まで受け継がれてきた我が国固有の領土や歴史について理解し、伝統や文化を尊重しつつ、多様な他者と協働しながら目標に向かって挑戦する力」などを挙げている。

ここで触れられていることは、従来の「何を教えるか」に止まらず、「何ができるようになるか」へと、教育・学習の目標を改変するということである。一見当たり前のことであるかに思われるかもしれないが、ここには重大な、教育の内的価値、内的過程に対する目標設定とその達成に対する評価に踏み込もうとする意図が組み込まれている。

そのことは、①すでに教育内容（「何を教えるか」）に、国家や教育行政の独自の解釈と判断を組み込んだ価値内容が組み込まれつつあること――上記の文言に即してみれば、「我が国固有の領土や歴史について理解し、伝統や文化を尊重しつつ」という記述は、教科書検定結果と照らし合わせる時、明確に国家の選択する価値に基づくことを含んでいる――、②それに加えて、そういう価値を含んだ内容を自己の行動や価値規範として生きること、そのことを態度として具体化することとして「何ができるようになるか」が方向づけられ、目標化、課題化され、そういう教育の結果が「関心・意欲・態度」として評価の対象として設定されていること、③加えて今回、いわゆるアクティブラーニング（「主体的・対話的で深い学び」）を含む学習方法にまで及ぶ方向づけが強調され、学びの結果、その学びが子どもの生き方に具体化されているかどうかを、子どもの行動の変容において目標化、指標化するという学習・教育方法を求めているということにおいて、明らかに教育の価値や人格に対する新たな方向づけと管理の段階に、教育を向かわせようとしているとみなければならない。

今回の変化は、「資質・能力」という概念によって、教育学的に正当化されているように思われる。しかしこの点は慎重に吟味しなければならない。「資質・能力」規定の展開には二つの側面がある。第一の側面は、学力を、獲得された知識や科学の量として把握する考えから、その知を使いこなし、応用し、何かをなすことができる子どもの側の能力――コンピテンシーとは子どもの中に獲得された、何かをなすことができる能力として規定されている――の規定へと展開させようとする試みである。具体的には、思考力、応用力、表現力、等々としてとらえられている。それは、人間の思考や認識の構造、知識が学習され獲得されていくそのプロセス、したがって知識がどのような変容を被り、人間の思考力――認識や概念形成や脳細胞のネットワークの形成を含んで――がどのように形成されていくのかの解明、さらにそのような変化を引き起こすことを教育実践の直接の目標とする学びの方法、授業のあり方をも探究しようとする試行と結合している。

このような方向性は、詰め込み型受験学力への批判を大きな契機としていると共に、グローバルな競争に対処する人材に必要な能力が、単なる知識の量ではなく、状況から提起される諸課題に対応するコンピテンシーとして要請されてきたという背景をもつ。その点の探究は、教育学的にみて妥当なものであろう。ただ、教育目標にコンピテンシー目標が加えられるとしても、子どもにとって諸能力の獲得は、自分が生きることそのものの実現に関わる意味が明確になることで意欲されるという面を忘れてはならない。そうしないと、子どもは常に外部から期待されるコンピテンシーの所有者となるために、今を――今自分が直面している切実な課題に取り組みつつ――生きることを先送りして、苦行としてのスキルを強いられることになろう。新指導要領の学力観のひとつの危うさがここにある。

しかし「資質・能力」規定には、もう一つの側面がある。それは、態度や関心や意欲は、人間のコンピテンシー（何々ができるという能力）の次元ではなく、人間の生きる主体的な目的や意欲、価値意識に結びつく次元で形成され立ち上がるという点に関わる。

例えば、国を愛する態度、愛国心の育成を考えてみよう。国家に対する認識の質は、国家に対する関心や要求の質に大きく左右される。確かに、深い国家認識に共通に必要な認識の関連構造を取り出し、そういう要素を満たした認識のネットワークをいわば国家認識に必要なコンピテンシーとして獲得させるということはあり得る。しかしそれでも、そこから、すなわちそういうコンピテンシーの自動的延長線上に、価値的関心が立ち上がるとは言えない。関心や価値自体は、その人間固有の国家との関わりからこそ立ち上がるものである。また、どういう関わりが望ましいかの価値方向は、「正解」があって、それを教えることが可能だというものではないし、公教育がそうして良いものでもない。それなくしては態度や意欲が構成できない人間の思考の土台にある能力としてのコンピテンシーの形成は、公教育と教育学の重要な追求課題であるとしても、現実の態度や意欲は、そのコンピテンシーと個人の価値観や目的意識との結合物である。それを同列において、国家や権力がその態度や目的意識や価値意識を統制し方向づけてはならない。

ところが、このコンピテンシーと目的意識や価値意識との結合物である主体的な「生きる力」が、今回の指導要領などでは、幼児教育段階から大学までの教育目標として列挙されている。「幼稚園教育要領」では、小学校就学までに育むべき「資質・能力が育まれている幼児の姿」として「自立心」や「協同性」や「道徳性・規範意識の芽生え」など10項目が「幼児期の終わりまでに育ってほしい姿」として列挙された。それぞれの年齢段階の生活を、人間として生きるためではなく、その上の段階に参加するのに必要なコンピテンシーと、社会の規範にしたがうという価値的行動様式とを獲得させる「スキル」で満たすという、まるで「〇〇力」をもったロボット――それ自体の生きる目的をもたないにもかかわらず、目的までインプットされた――を養成するような教育の拡張が危惧される。

これらの事態は、折出健二の指摘するように「学力の政策概念化」に加えて、「人格の政策概念化」というべき事態として把握することができるだろう。[2] このことに警戒心と批判を欠くならば、教育政策の土俵上で「資質・能力」規定の議論に踏み込む教育学は、歴史的な誤り――国家の政策に国民を同化、動員するために教育を権力が支配したことへの教育学の戦争反省の放棄――を犯す可能性がある。先に見た数値指標による公教育管理は、態度をも数値目標化することで、このような価値統制にも、行政的手法で、やすやすと踏み込みつつあると見るべきだろう。

(3) 国立教育政策研究所『資質・能力 理論編』の理解

中教審答申に近い教育学的視点から書かれているこの本のなかでは、「資質・能力」論が出されてきた背景と「資質・能力」規定の意味を、次のように述べている。

◇「人が特定の文脈において、そこで見いだした問題に対して、知識や技能を総動員し、感情や態度などの非認知的な要素に支えられながら、解決に取り組む過程を支援し評価するための目標が求められるようになりました。それが知識基盤社会の要求―非定型的で創造的・多様な解を求める課題の増加―とも相まって、『資質・能力』という新しい教育目標の提案につながってきたわけです。」(66頁)

◇「資質・能力＝『資質』を中心に人格(価値・態度等)に関わるもの(なお、この際、価値を教えて子供の『資質・能力』に組み込むか、あるいは、価値は学ぶ対象にしておいて、その受容は子供の判断に任せるかは重要な検討課題)(3)。」(68頁)

ここに付記されている「検討課題」については、「態度や価値を含め、特定の人格に関わる学校の教育目標は掲げない」という考えも紹介されているが、「人格＝資質に関係するような態度や価値は学校教育で教えられる──少なくとも提供できる──とする考え」(63頁)も書かれており、新指導要領は、全体の記述を見ると後者の立場を選択していると見ることができる。*

＊ ただし編者の一人である安彦忠彦は、その際に、「価値に関わる学習をもし行う場合でも、それを押し付けるのではなく、児童生徒が主体的に価値を吟味し、自ら判断する余地が残されていなければならないこと」(64頁)を強調する立場であり、「その場合、学校教育から、人格形成の基礎となる教育内容や学習経験の提供は許されても、いかなる人格を形成すべきかについてまでコントロールすることは許されません。学校で培うべき学力と教育全体で育むべき人格の上下関係が転倒するためです。したがって、態度や価値を含め、特定の人格に関わる学校の教育目標は掲げないことになります。」(62〜63頁)という見解をもつことが示されている。しかしそれは今回の学習指導要領の立場としては組み込まれていない。詳しくは、安彦忠彦『「コンピテンシー・ベース」を超える授業づくり』(図書文化、2014年)参照。

(4) OECDのPISA型リテラシーの性格 ──松下佳代の把握に即して

では、その改変の重要な背景となったPISA学力、OECDのコンピテンシー概念はどうであったのか。松下佳代は、これらの「〈新しい能力〉概念に共通する特徴は、①認知的な能力から人格の深部にまでおよぶ人間の全体的な能力を含んでいること、②そうした能力を教育目標や評価対象として位置づけていること、にある」と把握する。(4) そして能力の「垂直軸(深さ)」と「水平軸(広さ)」という概念を提示しつつ、「新しい能力」概念、特にDeSeCoのキー・コンピテンシー概念は、その「垂直軸(深さ)」において、

「人格の深部にあると考えられる非認知的要素（動機、特性、自己概念、態度、価値観など）をも含」（35頁）むものと捉え、またDeSeCoのキー・コンピテンシー概念は「要素主義的アプローチ」ではなく「統合的アプローチ」をとっているとする。「ところが、日本では、ＰＩＳＡリテラシーは他のキー・コンピテンシーと切り離され、『ＰＩＳＡ型学力』、『ＰＩＳＡ型読解力』、『活用力』といった形で初等・中等教育の現場に浸透してきている。……キー・コンピテンシーのうちの指標化された一部だけが、ある種の屈折を経て移入されているということは指摘しておきたい」（23頁）と批判している。

松下はこの論文を「容易に負の価値に転化してしまう厄介な代物」であるDeSeCoのキー・コンピテンシーを「手なづけ飼い馴らす」（36頁）ための検討であるとし、「議論の舞台を〈能力〉から〈実践〉に広げ、どんな実践を通じて諸価値を実現していくかに目を向けることによって、機能的アプローチが空虚な価値中立性に陥らないようにすることが必要」だとする。補足すれば松下は、「この統合的アプローチの下では、個人の内的属性が直接、個人評価の対象とされることはない」と記しており、文科省の「資質・能力」論の危うさを批判する位置を取っていることを明示している。[5]

これらの理解は妥当なものと思われるが、この「実践」概念をどう展開するかが、重要となるだろう。この「実践」概念には、矛盾を科学的に分析し、自らの課題や求める価値をいかに実現するかという子ども自身の能動的な働きかけという意味において学習が実践という質をもつことが含意されていると読み取ることもできる。スキルは、提示された能力を獲得するための定められたプロセスに沿った技術的な訓練過程と言えるが、実践は、現実に対して目的をもって作用を及ぼす価値の吟味と探究を含んだ過程である。そしてその実践の過程においては、社会や対象に対する価値的、目的的主体性が問われる。学ぶという過程、あるいは教育の過程が、そういう実践としての質をもって遂行されることによって、能力の「垂直軸」と「水平軸」が深く交差し、子どもの学習は単なるスキルの獲得過程から、関係や自然に能動的に働きかける「生きる」過程へと展開していく。そしてその過程において、学力と人格との深い結合——「統合的アプローチ」——が実現されるだろう。

ここで確認できることは、PISA型コンピテンシー理論の全体構造は、人格軸（「垂直軸」）と、能力の領域（「水平軸」）との統合的把握への契機を含んでいたということである。もちろん、その統合アプローチは、グローバル資本の人材養成へと能力を焦点化させる意図を強くもつものでもあり、そのことがグローバル経済競争の一環として世界的学力競争を引き出し、このコンピテンシー理念自体を歪めてもいるのである。

松下の指摘するように、文科省方針においては、PISA型リテラシーは他のキー・コンピテンシーと切り離されて要素主義的な仕方で導入されている。その結果、人格との結合を、「統合的アプローチ」ではなく、「外」から意欲や「態度」を付加する方法——学テなどで学力競争を組織することや、権力やグローバル資本が望ましいと考える規範や価値によって子どもを「主体化」させる方法、そのために「態度」を評価するなどの人格そのものを操作する仕組み——によって進めようとしている。そのため、道徳教育やキャリア教育、「愛国心の教育」などが、推進されつつある。それは、現代の新自由主義社会への同調と一体化を強制し、人格的自由、社会の諸矛盾に対する抵抗的で創造的な、したがって歴史的な変革的主体形成へのエネルギーをむしろ抑圧するものとなるだろう。

こう見てくると、実は「資質・能力」問題の焦点は、人格と学力との関係、その結合と統一をめぐる教育学認識と方法をめぐる対立的論争のなかにあるととらえることができるだろう。

二　坂元忠芳の「人格と学力」の理論の検討

そもそも、日本の戦後教育学における学力把握をめぐる論争は、人格と学力の関係をいかに把握するかに深く関わって展開してきた。その点で、特に、坂元の学習意欲論は、人格と学力がいかなる関与を相互間で行うのかについての重要な視点を提示していた（坂元忠芳『学力の発達と人格の形成』〔青木教育叢書、1979年〕。この節でのカッコ内の数字は、この著書の頁数を指す）。

坂元は、学習意欲は、「当面する学習の対象そのものに直接かかわる層（それをかりに学習意欲にかかわる認識的側面といっておく）と、時には学習行為の背後にかくされている人格的な意味にかかわる層（今かりに、学習意欲にかかわる人格的側面といっておく）の二重の内容をもっている」（115頁）と把握する。そして第一の段階（就学前）は「学習意欲における二つの側面が密着して鼓舞されるような活動――活動の目的がそのまま、多面的な感性や感情の活発化でもあるような活動」（128頁）が展開する両側面が未分化な状態とする。第二の段階では、「このような能動的な活動のなかから認識過程が独立し」（129頁）、「科学の体系と方法の獲得への関心が、新しい対象への学習意欲をつくりだしていく」（130頁）。第三段階では、「学習意欲の認識的側面」と「人格的側面」（「子どもの目的意識的な、さまざまな活動を、実生活の中で組織しながら、そうした活動をはばむ現実の矛盾と子どもにとってのその意味をしだいに自覚させ、現実の問題にねばり強くとりくんでいく生活意識、生活意志を育てていく側面」〔130頁〕）が分離しつつ、「学習意欲にかかわる人格的側面」が、「学習意欲にかかわる認識的側面を」とらえ、「学習と子どもの実生活との結合の発展のすじみち」

（137頁）が切り拓かれ、「生活にたいする学習の『役立て』の思想が子どものなかにしだいに芽生え」（137頁）、「学習意欲における二側面の統一」（136頁）が展開していくとして次のように述べる。

「学習をとおして発達する現実生活にたいするこの予見が、学習意欲における、分化と統一の構造をつくりだすのである。学習による問題の必要と予見こそ、学習意欲にかかわる認識的側面と人格的側面とを結ぶ環である。なぜなら、学習が現実における必要とそれへの見とおし、予見において進められることは、そこでの認識が、学習者の目的―動機と結びつくからである。」（138頁）

坂元は、その際、子どもの価値意識の重要性を強調し、「（価値意識は、）なによりも、人間が実践にさいしてもつ、ものごとの選択の意識であり、この点にこそ、価値意識が、人格の発達にとって決定的な意味をもつ理由がある。なぜなら、人格のあり方は、なによりも、社会的諸関係のなかで、誰がどういう動機―目的の体系をもって行動しているか、ということによって決まってくるからであり、価値意識は、そのような人格のあり方の核心部分に位置するからである」（265頁）ととらえ、「子どもの価値意識を人間的に発達させ」るためには、「なによりも、その活動、人間関係のすべてのたてなおしをとおして、彼らのなかに、人間的な目的―動機の体系の大もとをつくっていかなければならない。体と心の奥底からそれらをつくり出していかなければならない」（266～267頁）とした。

ここに引用した坂元の論理の骨格を整理しておこう。

①人格の主体性、自律性、すなわち人格のありようは、人間的な目的―動機の体系に支えられた人格の核心部分にある価値の意識に大きく依拠している。

②学習意欲は、この目的―動機の体系によって支えられ、エネルギーを与えられている。学習意欲は認識的側面と人格的側面をもつ。それは未分化な段階から次第に認識的側面が分化し、「認識的側面の構造化が進むなかで、より高い段階で、ふたたび認識的側面と（人格的側面が――引用者注）内的に統一されていく」（137頁）。

③より高次の統一段階では、学習意欲の認識的側面は、「学習者の目的―動機と結びつ」（138頁）き、そのなかで学習は、「学習のもつ根源的性格――その人間的解放における役立てと予見の思想」（139頁）を獲得する。

④「子どもの価値意識を人間的に発達させようと思ったら、なによりも、その活動、人間関係のすべてのたてなおしをとおして、彼らのなかに、人間的な目的―動機の体系の大もとを作っていかなければならない。」（266～267頁）

⑤だから、学力と人格との結合のためには、認識的側面の発達を「学習のもつ根源的性格――その人間的解放における役立てと予見の思想」（139頁）へと展開させ、それを、この「人格の核心である目的―動機や価値意識の体系」（234頁）と結合することが必要である。

このように考えてみると、実は、坂元の探究しようとした人格と学力の結合への理論的関心は、ＯＥＣＤのＰＩＳＡ型学力の理論的関心とも、また日本の文科省が推進する学力と道徳教育を結びつけようとする意図とも、学力形成と人格形成の結合という課題に対する挑戦であるという意味においては共通するものであろう。しかしその方法と教育本質観において異なり、特に文科省のそれとは根本的に対立的なものであると言うことができる。

あらためて坂元の理論を学力と人格の関係の理論として把握すれば、その構造の骨格的部分を、以下のようにとらえることが可能であるように思われる。

①学習で獲得される人間の力を学力と把握する。しかしその学力はその発達段階に応じた〔〈学力＋人格〉の統一された構造〕のなかに存在する。

②したがって学力の発達、形成は〔〈学力＋人格〉統一体〕の発達、形成と一体のものとして、それと結びついて探究されるべきものである。

③人格は、その人格のなかに形成される「目的―動機の体系」をその価値的核心としてもつ。それは社会的諸関係に規定されつつ自らを主体化する方向でその関係に働きかけ、矛盾に立ち向かい、新しい生き方を切り拓こうとする変革的主体性として機能する。

④教育実践はこの人格の変革的主体性を意識化させ、能動化させるように働きかけ、学力の獲得をその課題と結びつけて意味化し、主体化する。

⑥教育実践を導く仮説概念としての「学力」は、「学力」それ自体の固有の知と認識の構造であるとともに、〔〈学力＋人格〉統一体〕の構造のなかでの知の変容の姿をもとらえるものでなければならない。

⑦教育実践は、この〔〈学力＋人格〉統一体〕の形成に対して、子ども自身の目的と価値の体系の発展

を促すとともに、その価値の自由を保障する形で、進められなければならない。

もちろん、このような論理の土台には、多くの論点が存在している。

第一に、人格と学力の関係を問うことと、学力の態度主義的把握とは異なる。態度主義とは、認識の形成の回路の科学性、固有の論理性を否定して、価値観的な誘導で態度や見方を獲得させることを意味する。しかし、その誤りを避けた上でなお、人格と学力の深い関係それ自体は否定できない。坂元が藤岡信勝との間で展開した学力論争の一つの焦点は「態度主義」と「人格と学力を結びつけること」とを区分し、前者を批判しつつ後者の意味とその教育学的な方法を明らかにすることであった(6)。

第二に、加えて、変革的な生き方の切り拓きは、人格における価値的葛藤、意識的選択が主導するという点が重視されねばならない。教師は子どもの人格の内的葛藤に寄り添い、新しい生き方を選び取れるように指導する。そのため子どもの人格の状態をつかもうとし、その意味で子どもの状態をその指導の過程の内側で「評価」することが不可欠となり、それに依拠して働きかけ方を考える。坂元が恵那の生活綴方実践を学力論としてどう読み取るかに力を割いたのは、その生活綴方教育のなかで、子どもの人格への働きかけの方法が、学力と子どもの価値観形成の自由とをどう統一的に実現しようとしているかについての試行錯誤とその錬磨――そこに形成されようとした教育学意識――に注目したことと結びついていると思われる。そしてその点で、石田和男の「子どもをつかむ」思想と方法に多くを学んだと見ることができる。*

* 石田和男は、その教育実践の中核に、「子どもをつかむ」という思想と方法を据え、その方法を磨き続

けた。教師が子どもをつかむ深さは、子ども自身が自分をつかむ質を高める働きかけによって、子どもが自分をつかむ深さに規定されて（を通して）深まっていくと把握した。子どもが直面する生きる課題を自分の課題としてとらえ、その課題に挑戦しようとする認識と生活への構えの形成を、書くことを通して自分をつかみなおす生活綴方の教育によって追求させようとした。そこでは教師による子どもへの評価は、子どもの抱える課題を共に生きるために不可欠なものであり、その意味で教師が子どもをつかみなおす作業の一環であった。その教育方法の核心は、子どもの人格の核心としての「目的―動機」の体系に働きかけるものであるとともに、外からの価値の押しつけではなく、子どもの生活意識のなかにこそ自主的で主体的な価値の土台があるものとして把握し、どうそれを意識化し、発展させるかという方法の探究にあったと見ることができる。「子どもをつかむ」思想と方法についての坂元の理解は、坂元忠芳「恵那の教育実践」（『「恵那の教育」資料集（1）』桐書房、2000年）に詳細に展開されている。

第三に、「〈人格＋学力〉統一体」への働きかけは、子どもの人格の核心にある価値や目的の意識を子ども自身が自主的に高めることを支えるという方法に拠らねばならない。教師の価値観に照らし合わせた評価をてこに子どもを方向づけたり、評価を指導の過程の内側を超え出て、客観的な人格「評定」として記録してはならない。人格への働きかけは、人格そのものを支配し方向づけるものとなってはならない。したがって教育実践における評価は、常に子どもの自由をどう保障するかという厳しい自覚と方法を伴わなければならない。この点も、恵那の生活綴方教育実践の自覚とつながった坂元の視点であった。

第四に、同時に、人格的な目的や価値の意識は、習得する科学や文化それ自体に内在化された価値と交渉し、豊富化され、普遍化されていく。子どもは、自己の人格的な意識の形成と、習得する知、文化、科学との格闘の営みとを結びつけることを通して、自己の学力と人格的主体性を高めていく。その意味では、教師は知や科学や文化の教授・伝達を通しても、深く人格に働きかける。したがってまた教師は、子どもの抱える課題に応答し、切り込むことのできる教材の開発に、その専門性をかけて挑戦しなければならない。坂元が依拠した恵那における教育実践で展開された「私の教育課程づくり」は、そのような視点から教育課程づくりを、教師にとって最も核心的な責務として追求しようとする挑戦であった。*

＊　石田和男は、「私の教育課程づくり」を提起するなかで次のように述べていた。「子どもたちの心をとらえて離さない本心の問題は、今日の情勢にふさわしく、すべて非常に人間的な深刻さを含んでいる。いま、私たちがその問題を、子どもたちの生活認識の内容として重視するのは、そこに内面の真実としての人間的自覚が統一的に存在すると考えるからです。その自覚こそ生きることとわかることとをつなぐ基本になり、生活と学習の本当の意欲の基礎となると考えるからです。……だからそこのところをどうしても、実践的に引き出さなくてはならない。子どもたちが本心としての生活の事実をありのままに見つめ客観化するということは、いまの情勢を子ども自らの意識のなかで切り開いていく仕事になるのです。そして、人間的な自由を子ども自らが広げていくというきわめて大切なことになるというふうに思います。この内面の自由の拡大、子ども自身が自らの自由を拡大するということは、新しい生活と学習への意欲を高め、自発性と連帯性を生み出し、自主的な行動の要因となっていく、というふうに私たちはみるわけです」（『石田和男教育著作集』第三巻、花伝社、２０１７年、160頁）。そして石田は、激しいまでの決意を込めて、恵那の教師たちに、この子どもの内面の人間的真実に応える教育内容、

教科の内容、科学を提供しなければならないことを呼びかける。子どもをつかむことは、教育課程づくりを通して子どもをつかめるかどうかにもかかっており、教師は魂の技師としての全力量をかけて、そこを突破しなければならないことを呼びかけた。石田は、子どもをつかむためには、つかめるように働きかけなければならない、子どもをつかめるような働きかけをしないで、子どもをつかむことなどできないのだと言い切る。子どもを荒廃させる攻撃が、子どもの内面的真実を抑圧し生き方が見えないところへ子どもを追い込み、子どもを生きられなくしているならば、そして子どもが自分をつかめなくなっているとするならば、教師はこの子どもの荒廃を生み出している教育の荒廃とたたかうために、そのための教育実践の切り拓きに全力を挙げなければならないし、それができなければまさにそれは教師の荒廃であるとまで言い切っている。「子どもをつかむことがたたかいである」ということが、「私の教育課程づくり」において試されているとしたのである。

三　戦後教育学における人格と学力の関係

人格と学力の関係を考える上では、戦後における道徳教育をめぐる論争史にも目を向けておく必要がある。戦後の教育改革（教育の民主化措置）において、「修身科」が廃止された。その後道徳教育復活論が展開されるような対抗的状況のなかで、民主教育のあり方として、道徳教育をいかに位置づけるかが重要な論争点になってきた。その核心にあった問題は、戦後民主教育において強く意識された教育目標――平和、民主主義、平等、人権――という歴史的に自覚されてきた価値を、いかに子どもたちに継承させるかという課題であった。そこでの、戦争反省を踏まえた上での道徳教育の方法についての共通的な認識は、これらの価値の継承は、子どもたちの生活の組織過程と一体のものとして、生活綴方教育や、生活指導の過程において、まさに共同的で民主主義的な関係をつくり、共に生きる生活過程を子どもの世界に組織する方法によってこそ遂行されるべきであるという認識であった。それらは、生活教育を進めようとする論者（日本生活教育連盟関係）、平和教育を推進しようとする論者（長田新ら）、生活綴方を推進しようとする論者（小川太郎、宮坂哲文）、生活指導論者（全国生活指導研究会関係者）らの基本姿勢であった。そしてそこには子ども自身を自治の主体、自主的判断主体とする方法論がしっかりと組み込まれなければならないとする共通の教育学的認識があった。同時に、もう一つは、社会科を中心とした教科学習を通して、子どもたちの社会認識を、科学的認識の獲得によって意識化、主体化、科学化することで、歴史を担う主体へと能動化することが、子どもを現代社会の道徳的主体へと育てる上で、不可欠であるとする認識があった。そしてその背景には、戦後日本社会が置かれている歴史的課題（上原専禄のいう「日本の独立」、日教組が掲げた「再び教え子を戦場に送るな」等の課題、勝田守一が社会科に強く期待した平和の課題、等々）への強い思いがあった。[7]

もちろん多くの論者はその両方を何らかのバリエーションで主張しつつ、また同時にそれらをどういう理論構造において主張するかに関わって、相互間で論争もなされた。しかし、それらは、全体としては、道徳教育の「全面主義」（全教育課程領域による道徳教育）を掲げ、同時に社会科を中心とした教科学習がそれらの教科に固有の認識の形成を通して、道徳性の形成に重要な役割を担うものであることが主張されていた。そしてその結果として全体としては、政治的圧力をともなって徳目を教え込むような道徳科の設置、あるいは1958年の特設道徳の設置に対して、厳しく批判するものであった。[8]

今あらためて指摘したいのは、主体的人格形成は、単に計測可能な諸教科の客観的学力の形成だけではなく、子どもの人格に働きかける生活指導や自治活動、子ども自身の生活社会、さらには現実社会に対する子どもたちの参加を介して、子どもの生きる方法と姿勢をリアルな課題への挑戦として取り組ませ、そのなかで子どもの価値観形成や生活態度形成に取り組ませることが不可欠であるとする教育学認識がその土台にあったことである。

しかしその後、そういう教育学理論の全体的な構造が次第に意識されなくなってきた面がある。その背景には、高度経済成長期において、戦後初期に強く意識されたこれらの社会的歴史的な価値への自覚が公教育のなかで後退していったこと、高度経済成長を背景とした人材育成への教育目標の重点移行、そして学力競争の激化がある。同時に、科学と教育の結合という教育学理論の動向が、一定の科学主義的一面化をともない、教育における人格への働きかけの契機を軽視していくという傾向も生まれた。また子ども自身が社会や地域に能動的に参加する学習、あるいは現実政治へ主権者として参加していく学習、さらには中学や高校、大学での自主的運動、自治会活動、さまざまな社会参加活動が、1980年代以降極度に衰退するという状況が生まれた。子どもや若者が、ひとりの自治主体、生活主体、社会主体、主権者として、現実社会のなかで自己を成長させつつ、価値や目的を確かなものとしていくという成長の環境自体が大きく変貌し、社会的形成機能との格闘による自己形成機能が衰退していった。

こういういわば子どもと若者の社会的形成の質の変化をさらに激変させたのが、90年代半ばからの新自由主義の展開であった。新自由主義的社会統治は、グローバル資本の利潤戦略に沿って社会の規範を組み替え、人々が仕事や日常生活をその規範に沿って生きるように管理する「環境介入権力」として社会を統治する手法を展開した。「競争」と「自己責任」を基本規範として社会の格差や貧困が放置され、一方では技術、ＡＩ等の開発競争社会としての未来社会像（「知識基盤社会」）が描かれ、子どもたちは学力競争を現代社会でのサバイバルのために必死で生き抜くことを強いられるようになった。このような強力な生き方を方向づける形成作用が、新自由主義段階において、意識的、構造的に社会に埋め込まれることとなったのである。そしてその支配的な人格形成作用と、グローバル競争に対応する「学力」形成とが結合される仕組みが強力に機能しつつあるのである。

その下で、教育政策は、人格の方向づけとコンピテンシー獲得とをより意識的に結合する新自由主義的な規範の教育を、「資質・能力」論として展開しようとしているのである。

四　学力と人格の結合の方法について
——価値をめぐる争奪戦の展開のなかで——

新自由主義は、市場の求める規範と価値に沿って生きることを強制する。価値は自己の内からではなく、市場からの要請として、そして経済を支配する資本の目的と戦略の側から提示されるものとなる。また新自由主義的統治技術によって社会に埋め込まれた資本の利潤増大のための行動規範に同化しなければ、社会排除の攻撃に曝される。異議申し立てをすることも、自分の思いを表現することも抑圧され、自分の本当の思いを感じる感覚をすら奪われそうになる。子どもたちは強力な「自己責任」の縛りの下で、道徳規範や「スタンダード」や「校則」や「競争の論理」に沿って必死で生きさせられる。

人間は、日々生きるなかで、自らの身体的感覚を伴って世界と交渉し、他者とも交渉しつつ、その矛盾を生きている。そしてそのなかで、さまざまな情動や感情をもちつつ、よりよい生き方、自己の存在の実現を求めて模索する。自分という存在が、まさに今置かれている状況のなかで味わっている感情や願いや矛盾の感覚と意識こそが、自分をつかみ、認識し、主体性を取り戻していく土台となる。しかし新自由主義に制圧された空間は、そこから人間としての感覚を立ち上げることを拒否し、支配的な規範と価値に依拠して自らを装い、自己の生き方を作り直すことを強制する。

だからこそ、認識と思考の基盤としての自分を奪い返すことが、新自由主義の人間観への根本的な対抗方法へとつながっていくだろう。その価値の争奪戦場で苦悩する子どもたちの思いや葛藤に、教師や仲間が共感し、それを共に背負って生きてくれる視線と言葉を向けてくれるならば、変革的主体形成を促し、現代に抵抗し、組み替え、新しい命を生きる空間が切り拓かれるのではないか。学校や子どもの世界における変革的主体の形成は、このような価値争奪戦のただなかで進められるほかないものとなっている。

そのようにして、認識と思考の基盤としての自己の人格的意識――価値や目的の意識――を明確化し、その尊厳の回復、目的の実現を自らの課題に据えることができるならば、その子どもの学びにおいて、学力と人格とが、深く結びつけられるであろう。人格の目的の側から知の意味が把握されることで、知は構造化され、その主体性を支える性格と質を獲得していくだろう。

本来の学習は、その意味で、絶えず学習過程において人格的要求を意識化し、その要求に応答可能なように再構成された知との出会いとして組織されなければならない。学習とケアが結合されなければならない理由は、その人間としての存在の意味自体が否定され、自己のなかにあるものの人間的感覚が負の意味をもつものとして否定されているような空間のなかで生きさせられている子どもたちに対して、子どもの今の存在そのもの、感覚、思い、願い、怒りや悲しみのすべてを含んで、そこにこそ主体的に生きる価値の土台があり、その自分を基盤にして生きていくことを励まし、その自分を意識化し豊かにする営みとして教室の生活と学習があるという関係を取り戻すためである。その条件が満たされるとき、学習は人格のなかにうずき、社会や生活のありようを問わずにはいられない個の思いを意識化し、意味化し、「生きる力」を形成する力として作用するだろう。

同時に、グローバル資本の私欲によって、人権や生存権が切り下げられ、格差や貧困が増大し、地球環境の取り返しのできない破壊が進行している事態において、それへの対抗的な歴史選択の力は、その現実の矛盾のなかで主体的に生きようとして格闘している人間の人格的な要求として生み出される。それを意識化し、社会化し、歴史を動かす力へと自覚化していく学びの過程が、人間を、子どもを、歴史的変革主体へと形成する。その回路を切り拓くためには、新自由主義によって囲われた意識を打ち破る人格の土台からの声が、引き出されなければならない。

いま、重要な対抗が、道徳教育をめぐる論争として展開している。実は学力論は、常に人格との関係を問われてきた。道徳の教科化と新指導要領における「資質・能力」規定は、学力（コンピテンシー）と人格的な価値意識を結合するための危うい方法論へ踏み込もうとしている。とすれば、教育学は、学力と人格とをいかに結合するか、そこに展開する学力はどういう質をもつべきかを、まさに学力論の側からも明確にしなければならない。そして、学力が真に「生きる力」として機能するために必要な人格に対する働きかけをいかに行うのかを明らかにすることが必要であろう。今日の道徳教育をめぐる論争は、学力論の内在的な論理、その固有の論理において、学力と人格との関係をどのように繋げるか、そして学力獲得への目的意識、「役立て」の意識の土台の上で、その学力にいかなる質と構造を組み入れていくのかという課題に応答することを求めているのである。

【注】

（1）ドミニク・S・ライチェン、ローラ・H・サルガニク編著『キー・コンピテンシー』（明石書店、2006年）、10頁、210頁。

（2）折出健二「『資質・能力』批判と人格形成の課題」『教育』2018年8月号、かもがわ出版。

（3）国立教育政策研究所編『資質・能力 理論編』（東洋館出版社、2016年）、66～68頁。

（4）松下佳代編著『〈新しい能力〉は教育を変えるか――学力・リテラシー・コンピテンシー』（ミネルヴァ書房、2010年）、2～3頁。

（5）同(4)、29頁、34頁。

（6）藤岡信勝・坂元忠芳論争については坂元忠芳『子どもの能力と学力』（青木教育叢書、1976年）の第三部参照。

（7）船山謙次『戦後道徳教育論史上・下』（青木教育叢書、1981年）参照。

（8）この問題に関わって、勝田守一が価値の自主性と歴史的に合意されてきた人間的価値とを、どのように統一的に把握しようとしたかについて検討した櫻井歓「勝田守一道徳教育論の再考――個人の形成における自主的判断力の問題」（日本大学芸術学部『芸術学部紀要』第43号、2006年3月）を参照。

第3章 「学力」をどうとらえるか
——学力論と学習論との交錯——

激しい学力競争が子どものストレスを高め、また競争的学力の獲得に走らせて、学力を歪んだ一面的なものにし、学ぶことを苦役化し、多くの競争からの脱落者——学習嫌いと自分への絶望感にうちひしがれる子ども——を生み出している。そしてその競争の結果は、生存権が保障されない社会的処遇を多くの若者に割り当て、それは学力を高められない個人の「自己責任」であると考えさせてしまう。このような状況に対して、学力を高めればこの矛盾を克服することができるとして、「学力向上」策で子どもに追い打ちをかけることは、今日の学力問題の本質を覆い隠し、矛盾をさらに拡大する。

一 競争への囚われによる学力の意味の空洞化

グローバルな経済競争の時代を背景として、人材（労働力）形成に対するきわめて強力な要求が、教育に提示されている。応用力、読書力、ＩＴ能力、コミュニケーション力等々。そのようにして提示される学力は、労働力市場に参加しサバイバルしようとする人間にとっての獲得目標となり、学校教育の学習目標へも浸透する。

資本にとって必要なものは、労働力であり、人間はその労働力の所有者ととらえられる。その結果、学力は、その価値を他者に評価されてはじめてその値打ちがわかる所有物となり、人格は学力という所有物の単なる所有主体として位置づけられていく。いや、それに止まらず、対人関係力として、笑顔（力）すらもが労働力商品に不可欠な能力の一環とされ、一般の労働者がまるで俳優のようにキャラを演じることを求められるなど、資本の求めに応じて人格、感情を演じる能力までもが、人格から切り離された所有物としての労働能力のカタログに加えられる。*

＊　感情労働の性格やその矛盾については信原幸弘『情動の哲学入門――価値・道徳・生きる意味』（勁草書房、2017年）第七章「感情労働」を参照。そこでは感情労働は「自分の情動を自分で管理させられ、その管理した情動（たとえば笑顔）をいわば商品として売ることで利益を得るような労働」（166頁）と把握されている。そこでは「状況に相応しくない不適切な情動を抱かなければならな」（173頁）くなる。その結果、情動が本来持っている働き――「それの明確化を通じて人間としての本来の価値を見いだし、その価値を成就することを可能にする」（185頁）役割――を妨げ、それとは異質な「要求される情動を内面化するように仕向け」（186頁）られる。それは「隷属性の内面化」であり「人間の尊厳を傷つける」ものとなる。そこでは、一旦、感情が人格から切り離されて、単なる所有物として商品として作り出されるに止まらず、人格から切り離されて生み出される感情が逆に人格を支配し、人格の「隷属化」を引き起こすことが指摘されている。

学力とは、その人間が主体として世界や社会に関わっていく力の中核をなすはずのものであり、その獲得のエネルギーは、何よりも人間として生きることそのものの目的の意識や情熱に依拠すべきものであろう。ところが、今日の学力獲得への意欲は、高い評価を獲得する要求――あるいは評価されないことへの恐れというべきか――に依拠するものへと変質している。学力獲得が意欲されるのは、評価（テストの圧力）のなかにおいてでしかない。だから競争の基盤での評価がない空間では、学習意欲が消失する。生きる意味がテストに成功するという目的に乗っ取られる人格においては、学力は、その内実において著しく空虚なものとならざるをえない。成績の順位や偏差値を追い求めることで、思春期、青年期を追い立てられる日本の子どもたちは、競争の磁場から覚めた時に、人格の深部の空白に気づき、目的喪失による浮遊状態へと投げ出される。それは若者の自立の危機をもたらさざるをえない。青年期の情熱は、社会と人格との再統合への挑戦によって燃やされるとするならば、日本の若者の青年期は、競争に囚われ、世界との交渉性を奪われ、その本来のダイナミズムを剥奪されつつあるといわざるをえない。

二　学力の教育学の側からの規定の試み

教育学は、この学力という概念を、なされるままに社会や教育政策の側にゆだねてきたわけではない。むしろ、教育学は、この学力という概念を、社会や政治から自律しつつ、同時に社会や政治に対する主体性を構築する人格の形成に不可欠なものとして定義する試みを繰り返してきたというべきだろう。

勝田守一が学力概念を緻密に構築しようとした時、そこには、当時の教育政策に対する抵抗の意図が含まれていた。勝田が、学力を「成果が計測可能なように組織された教育内容を、学習して到達した能力」と規定した背景には、一つには、価値観が学力に含められて評価の対象にされることを避けるために、「計測する学力内容は、価値観と切り離すようにすべき」という強い意図が働いており、そのために「『学力』概念をできるだけ明確に狭く」規定しようとしたことがあった。(1)

もう一つは、科学の体系性、認識発達の順次性に即して、「人間が学習しうる諸能力を分析し、学習の段階を明確に順序づけながら、学習の内容を組織立てる努力」、「学習を指導する方法に合理的な順序と、まちがいのない方向と、確実な積み重ねを保障(2)」するためであった。学力を、どのような教育実践で、どのような教育内容で、どのような方法によって獲得させることができるかを明らかにするためにこそ、学力概念の確立が不可欠であると考えたのである。政治の介入を排し、教育学の自律性の下に、教育実践、教育内容、教育方法を開発するために、学力概念を規定しようとしたのであった。

しかし、この勝田の学力規定を「計測可能性」という点のみで取り出すならば、実は1960年代以降に激しく展開する能力主義、学力競争主義に対する教育学の側からの批判概念としての機能は、大きく弱められるものとなる側面をもっていた。それは、一つには、より「科学的」な能力主義管理や「人的能力開発」政策から見て、子どもの学力のより効果的な評価のためには、合理的な「計測可能性」はむしろ不可欠となり、評価の科学性、客観性という土俵の上で、人々は激しい能力主義的学力競争に駆り立てられ、そのことがまた教育の矛盾や荒廃、子どもの人格の歪みをも高めていったからである。もう一つは、学力の形成・発達と深く結びついている子どもの意欲や生活意識、人格の変貌が、学習と学力のありように大きな影響を及ぼし、学力と生活意識や価値観、態度形成などとの関係をあらためて解明し、教育実践をこれら全体の意識的な再統一に向けて展開する必要が高まったことにある。そのためには、学力を「計測可能性」という枠組みを超えて、人格との関係において相互に交渉し合うものとしてとらえる必要があった。

もちろん、勝田自身は、決してこの「計測可能性」という一面からのみ学力について考えたわけではない。それは坂元忠芳と藤岡信勝との学力論争で、坂元が詳細に検証したことである。[3]

勝田は、①計られうるのは「『学力』の一部」であり、「人間の能力の全体が、量的にはかられることにつきるわけでは」ないと断り、②「……学力も、子どもの学習意欲が学習目的や価値観と切り離せない態度によって、その到達度あるいは学習の効果が左右されるということがあるという事実」を踏まえるべきこと、③「子どもがおかれている現実の状況や環境（これを生活とかりによびます）について教師が認識と洞察とをもち、それをふまえて、子どもたちの学習意欲を育てていく努力」が必要なことなどをのべ、一面的な把握を強く戒めていた。[4] そのことは、勝田の教育学論が、「認識の形成」と「道徳性の発達」という両輪で人格を把握する構造をもっていたことからも了解できる。しかし勝田は、その視点から学力概念を深める時間をもつことはできなかった。[5]

坂元は、藤岡との学力論争などを介して、勝田学力論をどう継承すべきかについて考察し、また生活綴方教育運動が発展させた教育実践の方法などを踏まえ、学力論を新たな段階へと発展させるために、学力と人格の関係、生活と学力との関係、それらを意識的に結合させる教育実践のありようを探究していった。

三　学力の発達論的な視点からの規定と社会的規定について

（1）学力と学習論の構造的関連——学力把握の方法に関わって

この問題を検討するためにも、今一度、そもそも学力概念規定をめぐって、その方法論を検討しておく必要がある。それは、前記の学力の位置づけの変化とも関連する。はたして学力を教育学はどのようにしてとらえようとしてきたのか。

その点で、学力についての位相の異なる次のような規定があると考えることができる。そしてそれは、学習論とも深い構造的繋がりをもつものである。大くくりにすれば、次の三類型に区分できるだろう。

第一に、知識や法則、技能などの獲得と理解の段階を発達の段階と照応させて、それを具体的な学力の到達度として把握する方法。「外」にある知識や文化、技術（法則や計算のアルゴリズム、問題処理の手続きなども含んで）を獲得することによって、その人間の学力が高まると考える視点からは、その学習対象としての教育内容の理解・獲得度として学力が測られることが多い。この視点からすれば、教育内容（知識）の体系、その区分された段階は、それ自体が、発達の段階や過程を写し取ったものと把握される。教科書などの教育内容の体系は何らかの形でそれに対応する学力の発達段階を組み込んで編成されていると見ることができる。この立場からすれば、獲得した知識を問うテストは、同時にその学力の到達度を調べる方法とも見なされる。しかしこの方法への一面的依拠は、知識詰め込みの受験学力競争のなかで、逆に人間の認識の全体構造の発達、学力の全体構造を阻害する欠陥を生み出す弱点が指摘されることとなった。

第二は、知識や技術等の獲得は、同時に学習者の認識の構造の発達を伴っており、学力をこの認識の構造の発展に重点を置いてとらえるとき、学力は、認知論的、あるいは心理学的な要素の発達段階、あるいは概念の獲得を指標として規定することができる。それは〈○○ができる〉という認識や操作の段階として示されたり、認識と思考の道具としての概念の獲得等として把握されたりする。数学教育協議会（数教協）の学力論では、数認識の発展段階を中心的な指標として、その数概念の構造を具体的な教材の構造として取り出し、子どもの思考の道具としての数概念の形成を促進しようとする方法であったと見ることもできるだろう。[6] また学力を「応用力」「コミュニケーション力」「表現力」等々の「コンピテンシー」としてとらえる方法は、獲得された概念や方法を、課題対象の解決に向けて統合し活用していく一連のシステムの形成自体を、学力としてとらえようとするものであろう。脳科学の発達などで学力の脳機能的土台がより具体的に解明されていくなかで、そのようなコンピテンシーの獲得がより緻密に段階化され、学力の発達段階としてとらえられていく傾向も強まるだろう。

第三は、学力と人格とが結びついた形で子どもの生きる力として機能しているとすれば、その主体的な生き方の展開と学力とを関連させてとらえるという学力把握の方法がある。その方法においては、子どもの生きる様態、子どもの生活の発達、あるいは「参加」の展開としてその発達の様態はとらえられ、その発展段階が、子どもの発達の指標として把握される。それは、生活教育や生活綴方の教育、生活指導における子どもの発達、あるいは自治と社会・政治参加の教育などの土台にある学力把握の方法だということができる。それらの場合、学力の発達は、同時に学習者の社会観、価値意識や目的や意欲などの人格的要素を構造的に変容させ発達させていく過程を含むか、あるいは密接に結合したものとしてとらえることとなる。さらにそれと結合され、変容を被るものとして知識や科学、認識のありようがとらえられる。

もちろん、これらの三つの学力把握の類型は必ずしも対立的なものではなく、いくつかの学力の階層構造と見なすことも可能である。しかし同時に、どの側面に焦点を当てて子どもに働きかけ、どんな学力を獲得させるかという違いを反映するものでもある。例えば、第一の視点を中心に置いて評価が行われる受験学力競争は、知識詰め込み型の学力への傾斜を生み出してきた。第二の学力把握は、この第一の学力観への批判として提起され、応用型の学力への転換を課題として提起されている側面がある。学力をコンピテンシーとして把握する文科省の学力政策はそういう性格を強く含んでいる。また第三の学力把握は、人格の目的や価値の意識を育てるという人格の主体化をこそ、学力の獲得と結合しなければならないとする問題意識を土台としたものであろう。そして「資質・能力」規定を組み込んだ新学習指導要領の立場は、そのような第三の視点からする新自由主義教育政策の側からの挑戦という性格を示すものだろう。

実は学力把握のこの三つの位相は、それに対応した学習論、学習方法論との深い繋がりをもつものであることがわかる。１９９０年代において、いわゆるポストモダン状況下での人間の主体性の剥奪に対して、学力をいかにして人格の主体性に再結合するかが大きな課題とされるに至った。そしてその議論は、学力概念と結びついた学習論をめぐる論争という性格を色濃く帯びて展開されることになった。それは、①学力とアイデンティティ形成の関係を問う議論、②人格の主体性を社会参加において把握し、学力と参加論との関係を解明しようとする議論、③子どもの権利条約、特にその「意見表明権」に注目し、人間としての権利主体性を引き出すこと、そしてユネスコの学習権宣言（１９８５年）に示されたように、「人々を、なりゆきまかせの客体から、自らの歴史をつくる主体にかえていくもの」、世界を作る主体としての立ち位置を学習の土台に据えようとする議論、④表現やナラティブという方法論を介して子どもが生きる文脈と学習とを再統合しようとする学力論、等々として、模索が続けられることとなった。[7] これらの学力論を学習論と結合して把握する方法論の展開は、先に述べた第三の位相から学力をとらえようとする試みであり、なお今日の重要な学力論の課題であり続けている。*

＊ 実は、その意味において、民間の民主主義的な教育運動、それと結びついた学力論は、1990年代において、学習論への深い関心をもつものとなった。今、文科省が学習論と結びつけて――アクティブ・ラーニング論や学習評価論と結びつけて――学力の質を（統制的に）方向づけようとしている状況があるが、すでに90年代において、民主主義的な教育改革の視点から学習論が彫琢《ちょうたく》されようとしていたと見ることができる。そしてそこに組み込まれた人格を対象化し学力と人格との結合を進めようと働きかける教育学の方法意識は、価値の教化や行動統制という方法によってではなく、子どもの主体化の方法――子どもが生きる文脈を意識化し、権利化し、関係の主体へ位置づけ、自治を保障し、参加を促し、主体としての表現に挑戦させ、創造の自由を展開させる方法――に注目し、それを促し支える学習の転換を介してこそ、遂行されるべきものであるとの共通の教育学意識を共有していたとみることができる。人格に働きかける教育実践の展開は、必ず、その人格の主体性と自律性、価値形成における自由を保障する方法論＝学習論を伴わなければならないということが重要な教訓となる。しかしその頃から本格的に持ち込まれてきた新自由主義的な教育目標管理政策の展開、PDCAシステムの持ち込みによる公教育における価値統制の展開は、そのような教育実践を困難なものにし、学力テスト体制による学力管理が急展開した。そして今日においては、「資質・能力」規定によって、人格の核心

にある価値と目的意識の統制的な方向づけへと踏み込みつつあると見ることができる。あるべきアクティブ・ラーニング論は、この90年代の挑戦の視点と成果を継承するものでなければならない。

（2）社会的規定の側からする学力の改変

社会に必要な能力の側から学力を規定することを、学力の社会的規定と呼ぶことができる。経済的生産の場で求められる労働能力の側から、学力の具体的な内容を規定する方法などがそれにあたる。職業参加という視点から、職業教育や学校制度のあり方を考えることも、そのような社会的規定の側からの学力規定の具体化であろう。それに対して、生物学的、あるいは発達心理学的な側面から、発達の段階を規定し、学力をもその段階から規定する方法を、学力の発達論的規定と呼んでおく。

ＯＥＣＤのＰＩＳＡ学力規定、コンピテンシー論も、社会的規定の性格が強い。しかしそれは、いったんは求められる能力を人間の内的な成長の段階、あるいは認識の段階のなかに位置づけ直してとらえる点で、人間発達の論理の側からの規定を含み込んだものとみることもできる。労働能力自体が、人間の全人格的な発達の法則のなかに構造化されていなければ、真に主体的な能力としては形成できないという面を視野においたものととらえることも可能だろう。

人間の発達は、社会的な規定性を一つの不可欠の要因として方向づけられてきたのであり、社会的規定性はある意味で不可避である。科学的知識や科学的認識能力の形成自体が、科学技術の発達という社会の側の変化に対応する人間の能力として求められてきたものでもあった。社会の側の科学や技術の発達、新たな規範の形成などが、人間の獲得すべき能力・学力の歴史的発達の方向を規定し、高度に文化的で科学的なものへと組み替えてきたともいえよう。人間能力の社会的規定性を超越して、生物学的、心理学的な発達論的規定だけで、学力のあり方を考えることはできない(8)。しかし同時に、歴史発展のそれぞれの段階は、その社会に固有の矛盾をもち、そこから発せられる人間の能力への社会的要請は、その社会の矛盾を反映した歪みをも伴う。その歪みは、この社会的規定の回路を通して人間能力の歪みや矛盾を生み出し、発達論的規定に対する妨害要因となり、発達論的規定と社会的規定が対立した様相を呈することがある。*

＊　学力の発達論的規定は、目的的規定と呼ばれることもある。戦後の教育学論争では、産業界からの学力への要求（社会的規定）を一方的に押しつけることが教育が本来目的とする人格の形成を歪めるという視点から、子どもの発達の必要の側からの教育目的や学力規定を重視すべきだとする議論も展開された。１９６０年代の人的能力開発論が、差別的能力主義の視点から人間に対する差別をともなって展開された事態に対して、人格の発達の論理と要求、すべての子どもの人権としての発達の必要に応えることこそを公教育の正義とする視点から、教育の目的を規定すべきとする強い批判が行われた。日教組の委託を受けて組織された教育制度検討委員会は、その最終報告において、「学校を産業界の要求にみあって、人的能力の『合理的』な選別と配分の機構と化する『能力主義』的な機会均等の原則にたいして、すべての子どもの可能性の全面的かつ個性的な発達をめざす教育制度の理念を『教育における正義の原則』として対置したい」としていた（教育制度検討委員会・梅根悟編『日本の教育改革を求めて』勁草書房、１９７４年、83頁）。そのような主張に対し、社会的規定から自立した目的的規定は観念的だと批判されることもあった。あらためて考えれば、教育学における目的としての学力規定は、人間発達の社会的規定性を視野におきつつ、歴史的に規定された発達の可能性を最大限に追求する

もの、そのような意味における発達論的規定と社会的規定の統一として探究されるべきものだろう。その意味で、ここでは、発達論的規定と社会的規定の統一されたもの、そしてそれが教育実践において具体的な人間の発達として検証されていく学力規定を、学力の教育学的規定として把握しておきたい。

(3) 学力の社会的規定のオルターナティブの検討

その本来の統一のためには、社会的規定それ自身における私たちのオルターナティブな学力概念を提示することが必要であろう。そのためには、「知識基盤社会論」批判(詳しくは本書第6章)を含んだ今日の労働力規定への対案を提示しなければならない。そして、それが観念的なものに陥らないために、すべての人間労働に社会的な意味と必要と価値を見いだす新たな労働の社会的組織論、それを可能とする社会改革構想をともなわなければならない。そうしなければ、新自由主義体制下での労働と学力をめぐる自己責任的なサバイバル競争の論理に囚われてしまうだろう。以下のような視点が必要となるだろう。

第一に、何よりも根本的な転換として、すべての人間が、労働の場を得て、その能力を生かし、自己実現できる労働のあり方を構想することである。「知識基盤社会論」によって描かれる日本の経済と労働の未来は、はたして不可避であるのか。膨大な富が生産されているにもかかわらず、それが、労働者の側に正当に配分されないこと、巨大化したグローバル資本同士が、他のグルーバル資本の利用しているブラックな利潤増大化の方策を上回らなければ勝ち残れない競争の土台の上で、ブラックな搾取の仕組みを幾重にも開発して生き残りをはかろうとしている結果に外ならないのではないか。

第二に、現実の雇用と労働現場の実態において、人間労働があまりに使い捨てられ、人間が疲弊させられ、その労働能力が消耗させられ、切り捨てられているという実態が広がっており、この克服こそが、今日の学力問題の解決の条件を広げるという点である。今、若者の約半数は、学卒後、労働参加を非正規雇用の場において開始する。そういう場における労働の多くが（いや正規雇用においてもまた、というべきだろう）教育機能をもたず、人と人とを分断し、人間を消耗させるような性格を強めている。本来は、労働の場への参加は、学校とは異なって――たとえ学校における「勉強」にいったんは挫折を体験していても――、労働参加のリアリティに支えられた学習意欲を再形成して学習への再挑戦が可能となる転換点でもあったのではないか。従来の終身雇用制度は、そういう教育の機能を不十分ではあれ、併せもっていた。いまは、そういう部分を徹底的にそぎ落とすことで、雇用を低賃金化しようとしている。そのため、学校教育での学力競争の結果が、学力底辺の若者を直ちに不安定雇用やワーキング・プア、将来への絶望へと追いやってしまう。学力問題は、学校だけによって解決できる問題ではなく、労働参加の場において解決されるべき問題でもある。学力獲得の失敗が雇用の格差や未来展望の喪失に繋がるのは、学力の弱さを理由に押しつけられた劣悪な労働条件が、学習と成長の新たな可能性を奪ってしまうメカニズムに拠っているというべきであろう(9)。もちろん、公的な職業教育などの仕組みも、大きな責任を背負っている。

第三に、学力の社会的規定ということの内実には、主権者、政治主体としての力量の形成という課題も含まれなければならない。現代社会の政治への参加の意欲と力量の形成は、本来は、現代社会の側からする次世代への切実な期待であり、主権政治の側からの要請であるはずのものである。それは政治教育の課題でもある。しかしその価値方向については、国家が統制してはならない。教育はこの責務に対して、科学的社会認識の育成や立憲主義の到達点の批判的継承、そして思想形成や価値判断の自由の保障などを通して応え、歴史的な主体形成の機能を果たさなければならない。政治やその他の社会生活全体を主体的に営んでいくための基礎的な人間の力量もまた、学力への社会的規定性（社会の側からの要請）の重要な内容として、それに対応した学力の形成を求めている。その意味では学力は、人間のそれぞれの発達段階に必要とされる人間的教養の形成――教養の質はまさに社会的に規定され、社会の主体へと成長していくために必要な知識や能力のセットとして構成されるものである――という視点からも探究されなければならない。

以上のような視点を踏まえれば、学力の形成は決して自己責任課題なのではなく、まさに生存権保障の一環として、すなわち公的な責任として、遂行されなければならないものとなる。どのようにして一人前に人間が成長していけるかを、教育と福祉、労働参加と政治参加を含む社会参加という全体的視点から計画することは社会の責任である。

四　学力の意味のリアリティの回復

(1) 学力獲得の意味の抽象化、空洞化

ＯＥＣＤのＰＩＳＡ型学力論の議論は、ある面では三つのキー・コンピテンシーの議論に見られるように、リテラシーを主体的に求める子どもの人格の全体構造を視野において、学力をその人格のなかに位置づけ直そうとする発想をもっていた。しかし文科省のＰＩＳＡ型学力受容のプロセスは、その面を見事にそぎ落とし、悉皆型学力テストによる「応用・活用型」学力競争を組織するという方向――競争の圧力で学習に向かわせるという方向――へ展開した。試験問題を応用型に変えれば学力テスト（競争）は、学

力を「受験学力」から「応用型学力」へと組み替える有効な方法だという認識に立って、矛盾が限界点に達している今日の学力競争をまたもや肯定し、さらに強化する政策を進め、矛盾を高める道を選択したのである。そこでは単に知識の詰め込みという現象だけが克服の課題として押さえられることに止まり、競争というものによって意欲が引き起こされ、その意欲に規定されて学習への内的目的意識が欠落してしまうという受験学力の構造の根本問題の克服という課題はほとんどオミットされている。サバイバルをかけた競争の土俵で発現する数値としての学力のバーチャル・リアリティを超えて、子どもの内的な人間的情熱と結びついた学力のイメージをどう回復できるのかこそが課題なのである。

そのためには、子どもが人間として生きる生活のリアリティの回復、意識的な生活への参加が不可欠である。東日本大震災の被災地で、教育行政が提起する「学力向上策」への批判が強く発せられのは、地域と子どもたちが直面する苦悩を横に置いたままで、競争への再参加のためのパスポート奪回策として、学力課題が提起されるからである。この学力の獲得が、今向かい合っている切実な苦悩と格闘するために――すなわち生きるために――不可欠だという関係が断ち切られているからである。むしろ、この被災地の困難から脱出する学力（東井義雄「村を捨てる学力」[10]）という性格をも帯びてしまうのである。それは、過疎や限界集落状況、津波や原発被災を理由とした被災地放棄の政策による「地域で生きる見通し」の剥奪の結果であり、この地で生き働き、そこで自己実現を達成していける見通しの剥奪を意味する。

本来の教育実践の中心的課題は、学力獲得の意味を、競争の論理にゆだねるのではなく、子どものなかに、子ども自身をうちから突き動かす情熱として再組織する仕事なのである。3・11の被災地のなかで復興の教育に取り組む教師、徳水博史は、地域の復興の担い手として生きようとするリアリティのなかに子どもを参加させ、そのなかで学力獲得の意味を子ども自身が見いだすことができる〈故郷を愛し、故郷を復興する社会参加の学力〉[11]を探究しようとしている。子どもが人間として地域に生きようとすることの意味と直接循環する学力が教育実践の中核に据えられねばならない。

数値としての学力は、社会の格差的な位置を、学力の達成度に応じて個人に割り当てる指定席券として機能させられている。だとするならば、それは数値の問題である前に、多くの雇用のイスから生存権保障の条件が剥奪されていることにこそ問題がある。学力が低ければワーキング・プアになるぞという脅しを用いるべきでなく、学力が低くても生存権が保障されねばならないというのが今日の幸福追求権の正義、憲法的正義であり、その正義を学校と教師は断固として貫かなければならない。日本社会に、どれほど無駄な競争が、不可避であるかに組織され、競争が人間の意欲を引き出す不可欠の仕組みであるかの幻想が深く埋め込まれていることに、気づかなければならない。どうして子どもが幼いときから、これほどに差別され、選り分けられていかなければならないのか。現に世界の入試・進学制度を見れば、日本のシステムが異常であることがわかる。多くの「落ちこぼれ」と自信喪失を生み出し、子どもに無力感を与え、人間としての誇りや自信を奪うシステムが、どうして「生きる力」を育てる教育だなどといえようか。

(2) 教育実践の仮説としての「学力」概念

学力概念は、どうすれば、学習が自己のエンパワーメントであるような学びを達成できるのか、生きることを支える学力の構造と質がどういうものであるべきか、どういう教育内容を組織することが子どもがわかるという認識の筋道をより有効に豊かに歩むことができるのか……これらの、子どもを支え、わかる喜びを獲得させる教育実践の構造を解明するためのものでなければならない。そのためには、数値のみを競わせる競争の論理から、この学力概念を救い出さなければならない。

学力は、たとえその一部分が計測可能であり、数値でその達成度が計測されうるとしても、その数値をその土台で支えている学力の全体像をその数値のなかに組み込んで示すわけではない。もしその数値の土台にある学力の全体構造、学力成立の土台を再把握しようとするならば、その学力の土台や構造についての仮説を提示し、その仮説に沿ってどんな教育内容で、どんな方法で、何をこそ子どもに取り組ませるべきかの学習のあり方を含む教育実践の全体構造を再点検し、再構成する必要がある。数値として示された評価結果を、その土台にある学力の全体構造、それを支えている人格の構造、さらにはその背景にある生活の土台の構造に引き戻して、その全体のどこをどう引き上げ、再構成すれば、氷山の一角というべき「水面」に現れた学力の数値が動くのかをとらえる必要がある。いわば水面下に潜り、水面上に顕現している学力の到達度（数値）を支えている氷山の全体像をとらえ直す必要がある。そしてそのためには、学力と学力の土台の構造仮説が、不可欠なのである。学力の到達点の一指標としての数値を学力の全体性に位置づけ直して、教育実践で展開されるべき教育活動と子どもの学習活動の全体を意識的に再構成しプログラムする方法論を導き出すことができる理論の枠組みが、学力の仮説理論として求められているのである。教師は、数値として飛び交う学力を、もう一度自己の教育実践の課題としてとらえ直すには、自分自身の学力の構造論（学力仮説）をもたなければならないのである。

そのことは結局、子どもの人格を深く把握するなかに学力をとらえ、数値としての学力をもそのなかに意味づけてとらえることを意味する。だから学力を評価するという行為は、数値だけで評価するのではなく、子どもの人格の全体、その矛盾、要求や意欲、目的意識をとらえ、子どもが生きようとしているその格闘をどう支えられるのか、学力を獲得することがその格闘にどういう力を与えるのかを深く読み込んで、働きかけの方法を再構成することの一環でなければならない。そういう学力仮説をもたないならば、学力を表すとされる数値だけにとらわれ、その虜とならざるをえないのである。

(3) 学力は子どもの側からその意味が主体的に把握されなければならない

そのことは、学力に対する社会的規定性自体を拒否しろということではない。実は人材競争を介して提示された学力への社会的な規定性は、子ども自身にとっては、子ども自身が社会の要請に応えて社会参加し自己実現していくという意味を剥奪されたもの——多くの子どもにとって競争というイメージ以外の意味を奪われた、空虚な規定——として、やせ細った姿で、子どもに届いているのではないか。学力への社会的規定性は、リアルな社会参加のイメージ、自己の創造的労働生活を意欲させるものとして子どもを学習へと向かわせる力をもたなければならないのである。学力の社会的規定性——社会の側からの学力への期待——は、学力獲得の意味を、子ども自身が自覚的にとらえられるようにし、子どもの学習意欲を高めるように働く構造をもたなければならないのである。さらにいえば、「外」からの学力への規定性(期待)は、学力の獲得の意味を人間の内部から、人間存在の土台から、その発達の必要から明らかにするという発達論的規定を介して——あるいは発達論的規定に内在化されて、あるいは子どもの内部からの要求として把握される発達論的要求と結合されて——子どもを学習に向かわせるものへと再構成されなければならないのである。そして教師は、子どもが全力で生きようとする過程を支えようとするならば、そのための学習の意味、学力獲得の意味について、学力の質にその問いへの回答を含む仕方で、学力概念を再構成して教育実践の場に働かせなければならないのである。重ねていえば、学力は、子ども自身がより豊かに生きるための力量として、そしてそのことを子ども自身が自覚し、自己の学習を貫く意欲の源泉としてとらえられる形で、課題化される必要がある。

ＰＤＣＡシステム、現実の目標管理システムは、そのような教師の専門性を剥奪し、競争的な学力観、上から数値目標として出された学力目標に教師を縛りつけようとしている。それに対抗していくためには、教師は、その専門性に依拠して、教育実践の場における学力についての仮説の構築、その仮説に基づく教育実践、その実践の検証による教育的価値としての学力概念の意識的探究を求められている。

【注】

（１）『勝田守一著作集４』（国土社、１９７２年）、391頁。

（２）同(1)、371～373頁。

（３）坂元忠芳・藤岡信勝学力論争については、坂元忠芳『子どもの能力と学力』（青木教育叢書、１９７６年）。

（４）前出(1)、367～377頁。

（５）勝田は、『能力と発達と学習――教育学入門Ⅰ』（国土社、１９６４年）の最後の頁で、教育学入門Ⅱとして『政治と文化と教育』の出版を予告していた。そこでは「教育という概念は、学習の目的をもった指導を中核として形成されてきたし、これからもその内容は精密に彫琢されなければならない。しかし、教育の概念は、それにつきるのではない。それは、社会的な過程として、制度であり、慣行である。それは政治と深くかかわり、経済と結びあう。またそれは、社会的・人間的思想とつらなっている。この内容を包むことなしに、教育の概念は十分な含蓄を展開することはできない」と述べていた。しかし病気によって、その課題を本格的に展開することはできなかった。

（6）出口修平「教科内容における科学と生活」柴田義松編著『教育課程編成の創意と工夫（原理編）』（学習研究社、1980年）参照。

（7）雑誌『教育』1994年5月号の「特集・シンポジウム『学力・学習』」の田中孝彦「学習指導の転換を」、竹内常一「学習を問い直す」、同年6月号の小特集「知とまなび」の鈴木聡・三上和夫「学力の社会・文化的文脈――ハンナ・アレントの公共性論を手がかりとして」、田中昌弥「学習におけるスキルと概念」、児美川孝一郎「学力論のもうひとつの次元――〈知の共同性〉に着目して」等を参照。これらの特集には、学力論を学習論と結合して展開しようとする90年代後半の教育科学研究会の研究動向が強く反映されている。

（8）ヴィゴツキーは、「（人間の）すべての高次機能は、生物学的に、純粋の系統発生の歴史のなかで形成されたのではなく、高次精神機能の基礎に横たわるメカニズム自体、社会的な性格をおびているということができる。すべての高次精神機能は、社会的規律の心内化された関係であり、人格の社会的構造の基礎である。人格の成分、発生的構造、行動様式、要するに、人格のあらゆる本性は、社会的なものである。」（ヴィゴツキー／柴田義松監訳『文化的 - 歴史的 精神発達の理論』学文社、2005年、183頁）と述べている。柴田は、「人間の心理発達は『生物進化の法則によってではなく、社会の歴史的発達法則によって規定された発達である』と説くヴィゴツキーの『文化的 - 歴史的発達理論』は人間の心理活動に関する真に科学的な研究の発展に巨大な意義をもつものである」と述べている（同著「訳者解説」400頁）。

（9）乾彰夫・本田由紀・中村高康編『危機のなかの若者たち――教育とキャリアに関する5年間の追跡調査』（東京大学出版会、2017年）参照。

（10）東井義雄『村を育てる学力』（明治図書出版、1957年）参照。

（11）徳水博志『震災と向き合う子どもたち――心のケアと地域づくりの記録』（新日本出版社、2018年）参照。

II

アクティブな学びと評価

第4章　「アクティブ・ラーニング」を考える

いまアクティブ・ラーニングがいろいろな意味で話題になっている。そこには新しい可能性への期待もあるが、逆に多くの戸惑いや疑問も噴き出している。

①アクティブさを測る基準が、挙手、発言というような「形式」におかれ、そういう「態度」を取らせることがアクティブ・ラーニングであるかの「誤解」と「混乱」が起こり、「（高く）評価される態度」を子どもが競争的に演じるようなことが起こっている。

②勉強嫌い、学習意欲の欠落という根本が改善されないままに、積極的に授業に参加するという態度だけが求められ、落ちこぼされた子どもをそのままにして、彼らに「アクティブさ」を演じさせる非教育性、無意味さ、残酷性がわからないのだろうか。

③討論させてみるのだけれど、深まらないままに議論が分散し、議論がつまらないものになる。討論だけさせておけばいいかのような指導が学びの質を低下させ、討論を表面的なものにし、発言力のない者をますます置いてきぼりにしている。

④真にアクティブな学びにとっては、その思考過程にかみ合う教材の開発、授業の組み立てが不可欠になるのに、教育内容や授業は指導要領通り、「スタンダード」にしたがえと強制され、教育内容編成や独自の教材開発の自由は抑えられる状況にある。

⑤外国の教科書と比較しても、アクティブな学びを進める上で、教科書こそ知識詰め込みテキストとなっているのではないか。しかし教科書批判は全くできない。

⑥アクティブな授業をと言いつつ、論争問題（憲法問題や自衛権問題や歴史論争問題等々）を取り上げようとすると「中立性」を侵すのでストップ、という圧力がかかる。

⑦アクティブな思考とは、思想の自由、真理探究の自由、表現の自由、批判の自由があって初めて可能になる。職員会議での議論が禁止されるような思考禁止体制のなかで、アクティブ・ラーニングを議論するという根本的矛盾。アクティブ・ラーニングを展開させるためには、まず教師に批判の自由の下でのアクティブな議論が不可欠である。

⑧受験にむけて、膨大な知識の詰め込みと、学力テストで競争を煽る体制がますます強まっている。教育委員会が、テスト対策として過去問を強制するような「指導」を多く行っている。それらは真にアクティブな学びを作り出すことと根本的に矛盾している。

⑨官制研修ほど「アクティブ・ラーニング」と真逆のものはない。「統制」と自由なアクティブさとは真逆のものであることがわかっていない人たちが、アクティブ・ラーニングを形式だけでとらえて、画一的な統制的指導を行っている。

一つ付け加えておこう。今回の新指導要領では、「アクティブ・ラーニング」という言葉は外され、「主体的・対話的で深い学び」という表現が使われている。それとともに、教育委員会の「指導」では、急速に「アクティブ・ラーニング」という言葉が後退しつつあるように思われる。「アクティブ・ラーニング」を推奨する限り、アクティブな学びとは何かという探究が誘発されざるをえないことを警戒したのか、あるいはアクティブな学びは当然ながら教材の自主的開発や授業の自主的工夫を引き出さざるをえないことを警戒したのだろうか。その結果、学んだことを主体的に演じるという態度主義的なアクティブさを実現する方向へと、指導が一挙に傾斜する可能性がある。その危うさも含んで、「アクティブ・ラーニング騒ぎ」を批判的に分析しなければならない。

一　学びにおけるアクティブさとはなにか

アクティブ・ラーニングの推奨にもかかわらず、なぜ、アクティブな学習が広がらないのか。そこでは、ただ授業の形態が詰め込み型、講義型であることだけが批判され、学びが活発にならない根本的な原因についての指摘がない。根本原因に立ち向かわない限り、本当のアクティブな学びは創造できない。

アクティブ・ラーニングを考えるためには、なにがアクティブな学びを妨げているのかの原因について、明らかにしておく必要がある。それなしに、ただ表面的に「アクティブ」な学習形態だけを持ち込んでも、効果はない。あるいはかえって歪みを生み出すことになる。その原因としては次の4点が指摘されなければならない。

第一に、日本型受験学力が、そもそもアクティブな学びを疎外しているといわなければならない。また そのことと深く結びついて、学校における授業形態が、知識伝達を内容とする講義中心で、学習が記憶中心のものに偏っているという問題がある。

第二に、学びのアクティブさと人格的な主体性の確立という問題の関係の仕方である。人間の主体性を土台としてこそ学習もまた主体化する。とすると、そもそも人間としての主体性を高める方法論がアクティブ・ラーニングの土台に組み込まれなければならない。

第三に、教育条件の問題がある。日本の40人学級基準というのは、一斉授業形式をほとんど不可避とするものとなる。施設、設備、学級編成等の条件と学びの性格との関連もまた重要な課題となる。また教師が過労死と直面させられているような働き方では、子どもに応じたアクティブな学びをつくり出す授業の工夫の余裕がないのが現状である。

第四に、アクティブな学びを創り出すための工夫の自由が、どれだけ保障されているかという問題がある。これが極めて「不自由」になっている。教師がアクティブな教育実践を展開できないとき、子どものアクティブな学びを組織することは困難となる。

ただ、この章は、それらの問題を全面的に検討するためのものではない。本章は、学習のあり方を中心に、アクティブ・ラーニングを検討することを目的としている。

(1) 学びのアクティブさの二つの層

最初に確認しておくが、アクティブな学び（アクティブ・ラーニング）は、実は二つの層をもっていると見ることができる。そしてそれは前章で指摘した学力把握の三つの位相（第3章・104～106頁）に直接関わる事柄である。

第一は、学力把握の第二の位相に関わるアクティブさを実現するという層である。それは人間の認識の構造、概念の構築に対応したダイナミズムをもった学びになっているかという視点である。別の言い方をすればコンピテンシーとしての能力獲得に繋がる学びと言い換えてもよい。単なる詰め込み、記憶型学習ではなく、概念を構築して認識の新たな階層の形成を促進する学び、課題に対して探究の方法を使いこなし概念を獲得していくようなダイナミックな思考過程を活性化する学びと言い換えてもよい。しかしそれらは基本的に、認識のダイナミズムを直接の対象とした学びのアクティブさに関わるものである。したがってそれらは、学習＝授業の過程そのものにおける学習のあり方を直接の検討の対象、改変の対象とするものである。

第二は、学力把握の第三の位相に関わるものであり、人格の能動性と学びとが結合されることによる学びのアクティブさの形成という層である。したがってこの学びの活性化、アクティブさの探究のためには、子どもが権利主体として生きているか、表現と創造の主体として生きているか、それらの生きる主体としての能動性が組織されることによって子どもの目的や価値の意識の形成が促されているか、そういう能動性と学習の過程とが結びついているかが問われる。だからといって、それは単に学習の土台を主体化するだけに止まるものではなく、学習過程でその主体のもつ課題や思いや生活意識が学習と結合され、獲得される概念の個にとっての意味づけを行い、学習の内容それ自体を意味化する作用を伴い、概念の獲得が生き方を意識化するような学びとして展開していくことをも含んでいる。

アクティブな学びは、思考のメカニズムに直接結びついたアクティブさと、人格そのもののアクティブさに支えられた思考のアクティブさという二つの層において把握される必要があることを、ここではとりあえず指摘しておこう。

(2) アクティブさを奪っている原因――受験学力の構造と政策の根本的矛盾

アクティブな学習を困難にしている第一の原因は、日本の受験学力の構造にある。現実の受験学力獲得への叱咤激励は、アクティブ・ラーニングとは逆の学習を促している。そしてそれはいま述べた二つの層に関わるものとして矛盾を拡大している。第一に、そもそも詰め込み型学習は、対象に働きかける能動的な対象理解や、対象のもつ法則や構造に切り込む概念形成を促さないものとなっていることである。記憶された概念も、対象の構造を反映したものとしてとらえられておらず、その再構成を通して対象へ働きかける能動的思考の道具として機能しえないものとなってしまう。しかしそれに止まらず、第二に、そもそもその学習は競争における偏差値獲得のためにいやでも挑戦しなければならない苦役として背負わされたものとなり、その学習は、子ども自身の主体的な課題への挑戦としての創造性や応用性へのエネルギーをその内側にもたない学習となってしまう。受験学力の受動性は、解決すべき知的探究課題の主体的把握ではなく、競争の磁場による意欲の喚起、試験問題を解く必要という形で課題が把握されることで生まれる。そのため、学習意欲と目的(課題)が主体的なものとして発達していかない致命的な弱点をもつ。それは、「正解」を求めるが、真理探究への意欲の欠落、未発達という人格的特質を生み出す。ごく一部の子どもを除いて、アクティブな学習を内から発動させる内的な意欲や目的への情熱を奪う過程として受験学力競争が機能している。競争という磁場が学習を「活性化」させているのである。競争の磁場が消えると学習の意欲も目的も消えてしまう。多くの学生が勉強が終わったと感じつつ大学に入学する。一方的な「正解」の教え込み、伝達型授業、記憶と単純な習熟（スキル）の強化が主流になる。与えられた課題をこなすための受動的な応用と習熟の学習と、自己の課題を把握し、それを深め達成するために格闘する創造的な学びの間には、格段の相違がある。競争の磁場を操作することで子どもを学習に追い込んでいる仕組み――学力テスト体制はその最たる仕組み――を組み替えることなしには、真のアクティブな学習は立ち現れてこない。アクティブ・ラーニングを推奨する政策は、このことを忘れている。

学習のアクティブさと人格のアクティブさの関係について、少し補足しておこう。アクティブな学習を考える際に、学習のアクティブさと子どもの人間としての自由や主体性との関係が問われなければならない。アクティブな学習の根本的な目的は、学習者自身をアクティブな主体――主体的、創造的に考え、労働や生活、社会や歴史を創造する主体――へと形成することにある。アクティブでかつディープな学びとは何かについて、ユネスコの「学習権宣言」（1985年）が、そのことを鮮やかに規定している。それは、学習権を「自分自身の世界を読みとり、歴史をつづる権利」と規定し、「人間の生存にとって不可欠な手段」であり、「もし、世界の人々が、食料の生産やその他の基本的な人間の欲求が満たされることを望むならば、世界の人々は学習権をもたなければならない」、「もし、私たちが戦争を避けようとするなら、平和に生きることを学び、お互いに理解し合うことを学ばねばならない」、「学習活動は、あらゆる教育活動の中心に位置づけられ、人々を、なりゆきまかせの客体から、自らの歴史をつくる主体にかえていくものである」、と規定していた（国民教育研究所訳）。このような学習の性格こそが、学びを最も主体化し、その目標のために学習のディープさを学習者自身が極めようとする性格を実現するのである。

18歳選挙権時代における主権者教育の学びのアクティブさは、主権者としての能動性として実現されるべきものである。主権者としての目覚めを促そうとする学習、生徒の政治活動への要求の高まり、生徒の自由な意見表明などを制限し統制することは、アクティブな政治学習を抑圧するものである。だから彼らに、政治参加の権利が保障されることが不可欠となる。文科省の政策は、高校生の政治参加を制限しようとしている点で、そこでも全く矛盾している。

また、いじめで生きられない子どもが増えているなかで、そのいじめを克服することができる主体的な生き方、人権を主張して自分たちの生き方を変えていく能動的な生き方――それはまさにたたかいとすら言える勇気と激しさをも伴うかもしれない――をどう作り出せるのかに挑戦する学びが求められている。そこでの学びのアクティブさは、その格闘、たたかいを励ます学びになっているかどうかにかかっているだろう。そういう自覚が政策や学校の側にあるのだろうか。さらに、学習空間は、人間の自由と主体性を支えるのか、それを抑圧するのかをめぐって、その力学が問われている。それは、表現論、ケア論、人間の「バルネラビリティー（脆弱性）」論、あるいは公共性空間論や民主主義論、人間関係論として盛んに議論されている。新自由主義が強者としての「生きる力」を自己責任として求め、弱者を排除し打ち負かす競争の論理を現代の社会空間に深く浸透させつつあるなかで、この競争と自己責任の空間のなかで「アクティブ」に生き抜きサバイバルすることを求めるならば、多くの子どもを孤立させ、自由な表現を奪い、個を閉じさせてしまう可能性が高い。大人になるまでの長い学校教育と子ども関係の苦しい体験を通して、子どもや若者は、自分の真実を表現することに恐れを抱き、表現しない戦略を注意深くとり続けてきた。

自分の固有の思考に独自の価値があるという感覚はもちえないままに、正解を記憶と技のスキルによって「正しく」身につけることが学習だと考えてきた。その視点からすれば、手を挙げて発言することはそういう「正解」と「正しい」思考のスキルに照らして、自分のそれが正しいかどうかが点検される危うい立場に自分をさらす行為となる。また「正解」を積極的に発言することは、自分の優越性を誇示したり、教師にこびる行為であるという他者からの眼差しを受けるのではないかとも考え、沈黙こそがそういう教室空間における安全のための戦略として選び取られてきた。自らの固有の思考回路を他者の吟味にさらすことを危ういこととして封印し、その結果として授業への主体的関わりをもシュリンクしてきたのである。そしていじめ空間の力学は、この発言封じをさらに危機的なまでに昂進させている。その恐れから子どもたちを解放し、表現の価値や豊かさを実感させることができるかどうか、教室における表現の自由の回復は、非常に重いが、避けては通れない学習の主体化、アクティブ化へのハードルである。

これらの課題の重大性を考えるならば、今日のアクティブな学習の探究のための理論は、いま述べた二つの層をつないで議論を展開しなければならない。

二 アクティブ・ラーニングの定義をめぐって

(1) 松下グループの定義

アクティブ・ラーニングについて明確な概念規定をしているものに、松下佳代グループの提起がある(松下佳代編著『ディープ・アクティブラーニング』勁草書房、2015年)。

「一方向的な知識伝達型講義を聴くという（受動的）学習を乗り越える意味での、あらゆる能動的な学習のこと。能動的な学習には、書く・話す・発表するなどの活動への関与と、そこで生じる認知プロセスの外化を伴う。」（32頁）

この本は、なかなか良くできている本である。ちまたのアクティブ・ラーニングが、形式主義、行動主義に流れがちなことに対して、「ディープ」という概念を付け加え、人間の認識の複雑かつ構造的な特徴（ディープな構造）はそれを「外化」することができるとし、その内的なディープな構造に対応した「外化」の形を学習活動に組み込み、その学習過程を授業として展開させることで、思考過程の「内部」に、ディープな思考の構造を実現するという、「明快」なコンセプトを展開している。*

＊　ここには、「アクティブラーニング」と「アクティブ・ラーニング（アクティブな学習）」は別概念であるという自己規定が組み込まれている。どう違うのか。「アクティブなラーニング」（アクティブ・ラーニング）を生み出すために、その学習過程のあり方を組み替えようとする方法、学習過程の変容によって学習をアクティブにする方法が、「アクティブラーニング」なのである。すなわち「アクティブラーニングは、一授業のなかでの話が基本である。なぜなら、学習の形態を、一授業のなかで問うのがアクティブラーニングだからである。」（同書、40頁）ということになる。しかしその自己限定は、今まで述べたようなアクティブな学習を生み出す土台への関心を喚起する上では、一つの弱点となる可能性がある。なぜなら、学習のアクティブさは、それを規定する教室の内側の条件と、教室を含むとしてももっと広い学習の社会的条件と、子どもの学習方法や

「アクティブラーニング」の基本原理

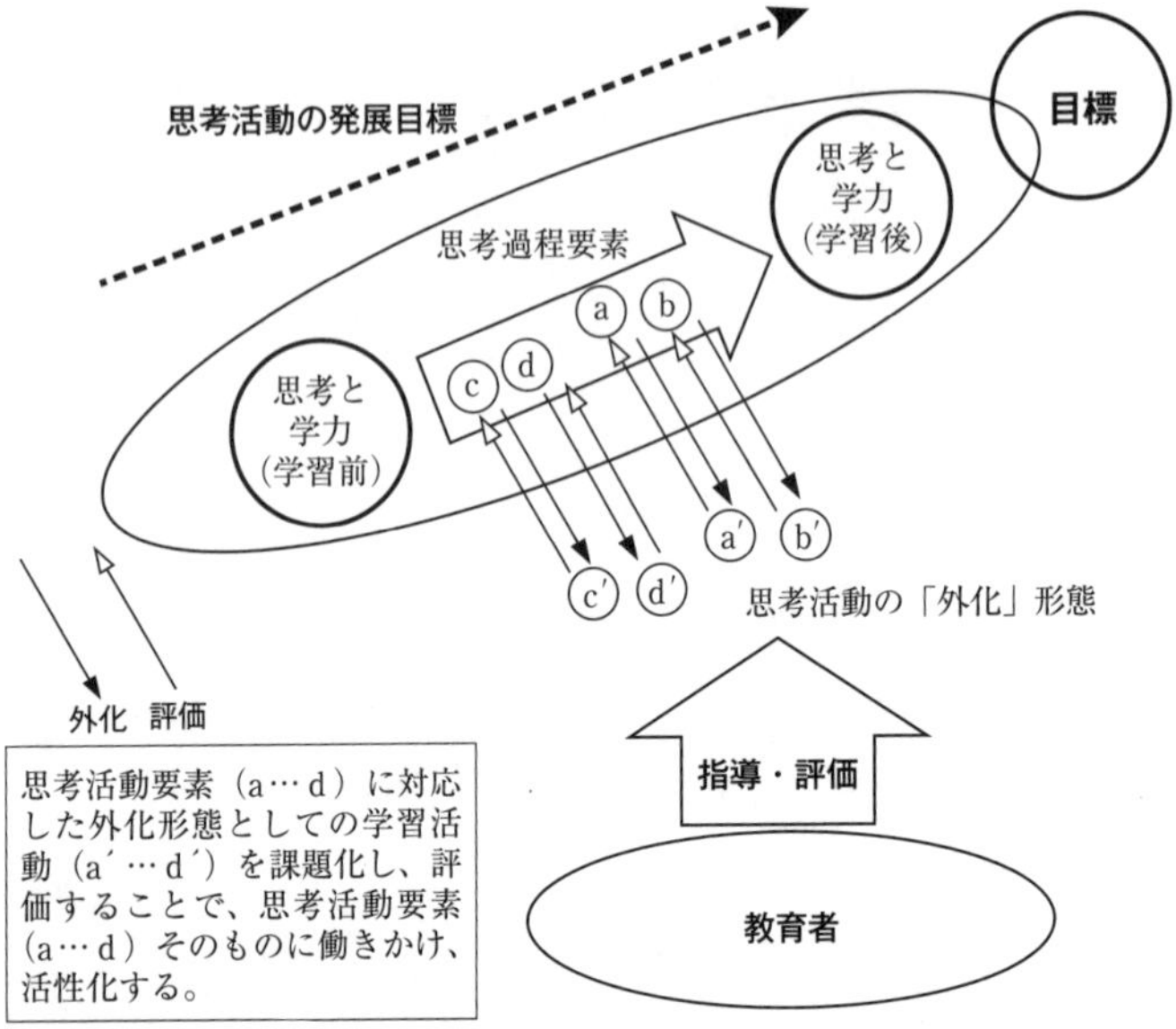

学習観、学習への主体性との複合的な結果であるからである。この自己限定は、先に見た学習のアクティブさの二つの層の第二の層を意識的に取り除き、第一の層だけでアクティブさを探究するという性格を背負うものとなる可能性が高まるのではないか。

　なお、ここで言われている自己限定や、以下で検討する「外化」という概念は、このグループの一員である溝上慎一の理論に拠るものと思われる。溝上慎一『アクティブラーニングと教授学習パラダイムの転換』（東信堂、2014年）参照。

　この「アクティブラーニング」概念を図式化してみると上の図のように表せるだろう。若干の説明を加えておこう。

①思考過程に働く要素的な思考をａｂｃｄ……とする。その要素は、概念構築に必要な

思考要素などで構成されている。その様子は、「外」からは直接には見えない。しかしそれぞれの要素が働いている学習活動の形態があるとすれば、それは要素的な思考活動の動きが「外」から見えるものとなる。逆にそういう「思考活動」を引き起こさせれば、それは必要な思考活動それ自体を展開させる方法論となる。

②したがって、ディープな思考活動の要素が組み込まれたアクティブな学習形態＝学習活動（思考活動の外化形態＝a′b′c′d′……）に取り組ませるならば、実現するべき深い思考活動（ディープな思考）を子どもの頭脳のなかに引き起こすことができるとする。

（2）「表現」と「認知プロセスの外化」との違い

この規定は確かに明確な規定である。しかし、さらに検討してみるならば、慎重な検討を要する論点が浮かび上がってくる。最も中心問題は、表現と「認知プロセスの外化」とは質が異なったものではないかという疑問である。

とりあえず、学習に関わって「表現」は四つの意味をもつことを指摘しておこう。

第一に、表現は、自分の認識を意識化し、学習空間に参加していくために不可欠である。自分の考えや認識は表現することで意識化され、自分の思考や認識を自分で対象化し、学びと変革の対象として設定できる。そして表現には認識の質や構造が反映される。間違いをも表現することで対象化し、克服できる。言語化によって自分の思考が意識化され、深まるとすれば、学習や授業のなかで、一人ひとりの子どものなかで、自己の思考の言語化という意味での表現が、活性化されることが不可欠となる。それは子どもが学習に能動的に参加するための方法となる。

第二に、表現は学習空間において、他者と交流する方法であり、表現を介することによって共同的学びが成立する。そのためには、表現の自由が保障されていなければならない。一人の思考主体として、その表現が励まされ、尊重される関係性のなかで、共同的な学びが発展する。また、他者への応答責任を背負う空間でのコミュニケーション（表現）によって、自分の思考を客観化し、科学性や説得性を高めることができる。応答的表現は、自己の思考を客観的に吟味し、思考を深める過程となる。

第三に、表現は、知識や科学の成果を自分のなかで使いこなし応用し、新しい価値を生み出していく過程である。すなわち創造の方法であり過程でもある。したがって表現は創造物、考えや作品を生み出す。したがって、表現の過程は「応用力」「創造力」等のコンピテンシーを積極的に高めていくものとなる。

第四に、表現は新しい自分の創造であり、新しい自分と自分の創造物を他者との関係のなかに投げ入れることによる関係の作り直しであり、参加の過程でもある。表現はその意味で、学ぶことを人格的な態度の発展（生きること）へとつなぐ方法である。その意味で、学習の全体的性格を完成させる方法である。

だからこそ、アクティブな学習は、「表現」を不可欠とする。表現は、①自分自身の思考の意識的対象化、②集団的な思考の方法、③新たな思考の形成と創造の方法、④参加の方法、自己と世界との関係の組み替え（自己の主体性の再構築）の方法と過程である。ところが、「認知プロセスの外化」にいう「外化」概念は、この表現の性格をもつものとは把握されておらず、表現とは性格を異にするものとなっている。

第一に、主体的表現は、全体的構造をもつ（ホリスティックな）ものである。それは内的に意欲され、自分を再構成し、世界に働きかけていく過程の不可分の一環としての行為であり、その結果としての表現物は作品としての性格をもつ。しかしその表現にいたるアクティブな認識活動の内的過程の途中の要素的動き、変化が、すべて意識的な表現として「外化」されるのかどうか。内的構造が「ディープ」に再構築されつつある過程において、意識は「熱中」という状態に置かれることがある。もちろんその過程をメタ認知によって、自らの思考をより深く構造化する自己修正を働かせる過程とすることもまた、ディープさを深める方法ではある。しかし「熱中」状態は、内的過程への集中状態であって、意識的な外への表現（表出）が中断される状態を含んでいる。とすれば、内的なアクティブな過程を、それに対応した「外化」によってとらえ、課題化し、活性化するという方法は、部分的にしか可能にならないのではないか。

第二に、そうだとするならば、真に表現されるものと、評価されるゆえに意識的に「外化」（表出）しなければならないものとの間に、矛盾と分断が起こるということはないか。主体的な表現とは異なる外から与えられた評価基準に沿って行為を演じるという「表現」が起こる（強制される）とき、外化と表現は別物となる。「アクティブラーニング」という方法論における「外化」は、あらかじめルーブリック（評価基準表）によって評価されることが明示されたその基準に照らして、自己の「表出」（「外化」）が点検され、評価される過程となる可能性をもっている。そこに当然、外的基準に合わせるという力学が働く。「外化」が、内的な主体的な思考活動の結果であるためには、表現という性格をもった能動的活動こそが主導すべきであり、評価に応えようとする「外化」が主役になってはならない。しかし評価の圧力は、表現と外化の分断、あるいはその逆転を引き起こす可能性がある。

第三に、果たして個性的な（すべての思考過程は本格的であればあるほど個性的となる）思考過程の構造的変容のプロセスを、一般的な思考過程に対応して求められるべき「外化」の基準にしたがってとらえることは可能なのか。現実の教師の働きかけは、その個々の子どもの固有の内面を把握し、固有の課題をつかみ、その課題を意識化し、それを子ども自身が解いていくように指導し、励まし、援助するという過程を含んでいる。とするならば、事前にルーブリックに挙げられた学習過程の特徴（パターン）に照らして子どもの学習の「外化」形態を評価するということに止まらず（概念の構築などの限定的な課題に対して、それは有効であるとしても）、子どもの内面に迫るという方法論、一人ひとりの抱えている固有の困難を把握し、個の課題に応じた主体的な学びを組織する働きかけが必要になる。子どもの内面に存在する能動性の源泉――すなわち固有の困難や矛盾の意識、認識の歪み、課題意識、生活意識の矛盾、さらには子どもの心の閉塞や自信喪失、混乱、等々を教師が読み取り、その課題に共に取り組む学習を創り出していくような子ども把握、学習の課題把握が必要ではないか。この内面をつかむ方法は、あらかじめ設定された「外化」要素に対応したものをとらえるという方法では対処できないのではないか。生活綴方教育などの日本の教育実践が切り拓いてきた学びを活性化する最も基本の方法は「表現」のなかに、子どもの思考、認識の課題を読み取り、その課題に働きかける学習を絶えず創造するというものだったのではないか。

第四に、アクティブな学びは、その物事の本質に迫るという性格をもたなければならない。本質に迫りえない表面的、外形的なアクティブさは、真にディープな思考につながらない。たとえば、原発学習を考えてみよう。子どもの認識構造を作り替えるような原発学習は、不可避的に、どういう問題を考えさせるか（原発の危険性、費用の増大化、事故対応の困難、「原子力村」の利権構造、等々）という授業の内容と深さ、教材開発、教師の指導と子どもの学習の深さが不可分に結合したものであろう。問題の本質はどこにあるか、何を学ばせるか、そのためにどんな教材を開発するかに関心をもたないアクティブラーニングは真にアクティブな学習を生み出すことはできない。学習のアクティブさを組織するためには、その学習の固有のテーマに即して、認識の深さやその転換、その認識過程を組織する内容、方法、教材、学習過程を一体的に設定しなければならない。そして問題の本質をどこまで把握しているのかをめぐって、教師と学習者たちが、議論をしていかなければならない。そのためには、共同的、応答的コミュニケーションが不可欠となるだろう。そこでの子どもの思考過程の「外化」は、子ども同士や教師との議論、共に真実を発見していく認識の共同作業の一環でなければならない。そしてその意味で言えば、子ども同士、教師と子どもとの討論は、教師からすれば子どもの思考過程を把握し、問題点や課題を発見し、その過程に働きかけてその思考過程をより深く、主体的なものへと発展させていくための子どもの思考過程を外から把握する対象（その意味での「外化」物）であろう。そしてまたその「外化」物は、教師の評価の対象である前に、教師が支え働きかけて発展させていくべき教育的働きかけの対象そのものである。そしてそのなかには、子ども自身の固有の課題意識や目的意識、関心が含まれており、それらをより発展させることもまた、教師の課題となるであろう。そしてそれらの意味において「外化」は「表現」として、さらに討論へと発展するものととらえなければ、真のアクティブな学習へは展開していかないのではないか。そのことはいわゆるコンピテンシー・ベースの学習の危うさと結びついている。コンピテンシー・ベースとは、汎用的能力の形成を中心目標に置くということである。応用力、表現力、概念形成力、等々。しかしコンピテンシーは、具体的な目標に向けての学習に主導されて——すなわち、意欲や目的をもち、その目的追求の情熱や喜びや意味に主導され、現実の課題と格闘する生きる力という人格に統合された全体性のなかで——意欲的に獲得されるものだろう。その全体性、人格的主体性から個々のコンピテンシー形成を切り離さないことが肝要である。

第五に、「外化」の性格の理解は、アクティブ・ラーニングとパフォーマンス評価との結びつきをどう考えるのかについての課題に繋がる。今までの検討結果からすれば、学びのアクティブさは、そもそも最終的には、結果として到達した認識や作品、表現物等々に照らして評価すべきものである。そのことは、学習のプロセスにおけるパフォーマンス評価が、最も本質的な意味で「形成的評価」であることを求める。「形成的評価」とは、子どもの学習活動を支え、励まし、組み替え、より質の高い思考活動に変えていく援助であり、それ自体を「評定」として生徒の学力としてラベル化するような性質のものではない。もちろん、生徒に学習活動の向上を促すために、学習の進行過程で、それでは不十分とか、それはすばらしいとかのメッセージ（評価）を与えることは有効かつ必要なことだとしても、それは指導の一過程として、すなわち指導に埋め込まれて展開されるべき評価である。それ自体をそこから切り離して、「評定」として子どもに返すという性格のものではない。しかし「外化」課題は、子どもからすれば、評価課題としての性格をもつ。パフォーマンス評価と位置づけられればその性格はより強まる。加えて、そのプロセス評価をも評定に組み込もうとする動きが結構多く見られる。発達・学習課題が「外化」という成果を求められる評価課題として子どもに提示され、その評価課題に沿うための学習努力として学習が展開することの危うさを、批判的に検討しなければならないのではないか。

しかしこれらの指摘をしてみてもまだ、「表現」と「外化」の比較が不十分であるように感じる。「外化」は自己を評価に曝す行為としての意味をもち、「外化」自身は、学習者である子どもの要求としては把握されてはいない。それに対して、表現は、それ自体が、自己創造であり、自己の主体化であり、自己の考えの創造過程であり、さらには参加の過程である。したがってまたそれは主体的な要求であり、生きる活動の現れそのものとなる。表現とは、常に人格的な諸要素の統合された全体性を伴っている。そこには意思があり、意欲があり、目的が意識されており、表現が他者への人格的な働きかけであることが自覚されており、その人格的主体性のなかに思考活動が組み込まれていくという性格をもつ。そのどれが欠けても深い表現は成り立たない。そもそも思考過程は評価にあわせて演じるものではない。真のアクティブな思考活動は、内的な要求や目的意識に支えられたものという質をもって行われるべきものである。とするならば、その過程を支援し活性化させるためには、要求や目的を子どものなかに育て、意識化し、それに子ども自身が取り組むような働きかけが必要である。そして学習の主体化の契機を生み出す指導が求められる。それは先に述べた個々の子どもの内面の把握を不可欠とする。しかしアクティブラーニングの手法は、個々の子どもの固有の課題関心が展開する筋道を拓く方法としては、あるいはそれと結びついて展開するべきものとしては、提起されていないように見える。アクティブである指標が、一般的な学習形態、形式的な思考活動の形態指標として外からあてがわれるからである。そこに自己創造としての契機が組み込まれないと、「外化」は評価視点に応えるための学習活動を演じるものへと向かう。

アクティブな学習は、目の前の固有名詞をもつ個々の子どもがアクティブに生きるためにはなにが必要かという課題の把握をセットにして構想されなければならない。子どもの思考が、そのような固有の課題や関心や目的と結びついたとき、学習過程は自分自身を内面から突き動かすアクティブなものとなり、生きることと結びついた表現を生み出し、真にアクティブなものとなる。

以上に指摘したことを最初に述べた学習のアクティブさの二つの層の関係に即してとらえ直してみるな

らば、「外化」が第一の層における概念形成等に限定された学習モデルとの対応関係で把握されているために、現実の人間の思考が含んでいる知識獲得や概念形成における人格的要素の個性的な展開がそこから取り除かれたモデルになっているのではないかと思われる。そのことが「外化」形態をモデル化して学習を「整形」するアクティブラーニング論と、「表現」の多様性を視野においたアクティブな学習論との違いを生み出しているのではないだろうか。

（3）アクティブな学習と「メタ認知」の性格について

そのことに関係して、学習のアクティブ化に必要とされるメタ認知のとらえ方について補足しておこう。今、新学習指導要領の推進する「資質・能力」論に結びついて、教育現場で、「メタ認知」という言葉が、多用されつつある。そこには、認知心理学の知見が広められることとともに、ある種の危うさが組み込まれている。「メタ認知」は、「①認知過程についての知識、②認知過程のモニタリング、③認知的活動の調整とに大別されるものの総称である。認知すなわち、記憶・理解・思考・判断・推論・計算などの俗にいえば頭の中の知的活動全般を進めるにあたって、経験に照らしたり活動を監視・評価して必要な調整を行い知的活動を遂行するという働きを、包括する言葉」（馬場久志「学びの主体を子どもに委ねる」『教育』2018年2月号）である。『脳科学辞典』（Brain Science Dictionary 略BSD。無料で閲覧できる査読制度つきオンライン百科事典。「脳科学辞典ホームページ」からアクセス可能）では、「自己の認知活動（知覚、情動、記憶、思考など）を客観的に捉え評価した上で制御することである。『認知を認知する』（cognition about cognition）、あるいは『知っていることを知っている』（knowing about knowing）ことを意味する」と規定している。

今回の学習指導要領の議論の過程では、「メタ認知」力を資質・能力の内容の一部として位置づけようとする議論が行われた。「育成すべき資質・能力を踏まえた教育目標・内容と評価の在り方に関する検討会――論点整理――平成26年3月31日」は、「……子供が学習を自力で進めていく生涯学習の視点や、受験の観点から、領域や活動に依存しない一般的な問題解決の戦略、学習の方略、学習観やメタ認知も重要」（27頁）としていた。

次のような点が課題となるだろう。

①「メタ認知」は、与えられた課題や思考のアルゴリズムに照らして自己の思考の方法や達成度を吟味し、調整・修正するという面をもつが、その面だけが強調されると、与えられた課題と規範に自己を従わせる態度の形成――与えられた課題や価値に対する絶対的な「適応」のための自己調整――へと傾斜する可能性がある。「自己調整」の失敗が「自己責任」とされる意識の形成は、この「メタ認知」の歪んだ展開としての性格をもつ。

②この適応的「メタ認知」を超えるためには、「批判的思考力」（先出「馬場論文」、9頁）が必要であるが、それは、自己に課せられた思考課題や実践課題自体を批判的に吟味する力を必要とする。「課題遂行状況の評価、課題遂行に関する動機づけなどが、メタ認知的な特徴を持つスキルである」（「脳科学辞典」）とされて、自己の思考過程の認知的プロセスだけが孤立してメタ認知の対象とされる傾向が強いが、それだけでは自己の思考を構成している全体要素を「メタ認知」の対象とすることはできない。

③新自由主義的サバイバル競争や受験競争の下では、サバイバルのための競争の主体的受容が学習意欲（競争によって喚起される主体的意欲）につながる。しかしそれでは課題や与えられる規範を対象化する「メタ

認知」は起動しない。その起動のためには、社会の仕組み自身を対象化し、そこから主体的な課題を把握していく批判的思考が不可欠である。自己の思考や態度の社会による規定性を批判的に対象化することにおいて、はじめて、自己の認知を批判的に認知（メタ認知）することができる。生きている社会を対象化し、歴史的課題を自己発見する社会認識の形成が、自己の思考や価値意識を批判的に吟味し、自己の学習意欲を主体的に形成し、自己の到達点や態度を、そのような社会的、歴史的、人類的な課題や実践に照らして評価する「メタ認知」の視点（自己形成視点）を生み出す。例示的に言えば、キャリア教育が、グローバル競争を担う「人材育成」に適応する自己のプログラム化へと閉塞させられるか、職業参加を通して自己実現していく全体戦略――非人間化された雇用の人間化の課題を含んで――を構想する主体形成へと向かう批判的「メタ認知」へと進むのかが分岐する。

④そういう点では、「メタ認知」は、課題を達成する能力形成についての「メタ認知」を越えて、思考し実践する価値的存在としての自己についての「メタ認知」へと展開しなければならない。「自己の課題の発見（意識化）」、「自己の実践や生き方についての自己反省的認識」、思考と実践の土台としての自己の存在の価値の意識化、人間としての自己の要求についての意識化、すなわち認識主体としての自己の再発見、自己の固有性の発見に向かう「メタ認知」でなければならない。日本の生活綴方の方法は、自己の思考と学習の価値的土台に自分の生活認識を据え意識化する、学習主体としての自己についての「メタ認知」の方法として錬磨され、蓄積された方法的遺産である。また、ケアの方法は、その存在の意味と価値を奪われようとしている子どもに対して、子どもの抱く思い、困難、苦しみ、感情などへの共感の眼差しを介して、子どものなかに個人の尊厳の意識を取り戻し、認識の主体を回復する働きかけである。その回

復は、抑圧され歪められ、あるいは閉ざされた自己の認識を価値あるものとして対象化する「メタ認知」を拓く。

自己実現という視点からする「自己の価値の再発見」を土台とし、その視点から自分に突きつけられた課題や規範自体を批判的に吟味することで初めて、受動的な課題受容から能動的課題把握の主体へ自己を変革していくことが可能になる。その意味で「メタ認知」を、新自由主義のシステムのなかで「自己責任」で生きていく能力、「グローバル経済」が求める人材形成への競争的「適応」としての調整の機能としてではなく、自分自身の主体性を再構築していくための自己変革的機能、思考する自己についての批判的認知の方法として、子どものなかで機能させなければならない。

三　アクティブ・ラーニングの独特の危うさ

最後に補足しておくことがある。アクティブ・ラーニングとパフォーマンス評価が結びつけられる時の独特の危うさである。行動で評価するという方法がもつ危うさである。

今回の「資質・能力」規定を盛り込んだ新学習指導要領は、２００６年の教基法改定によって新たに書き込まれた「資質」規定（教基法第１条）と教育の目標規定（第２条）に基づいて、単に教える知識内容へのコントロールを超えて、人格のありようをも教育の目標規定に読み込み、授業過程をもその視点から管理する公教育統制へと進もうとしている。そしてそういう人格と価値意識に基づく人格形成を、２０００年代に入って構築されてきたＰＤＣＡと目標管理システム、教育内容と方法に及ぶ評価システムの土俵の上で展開するための理論の再構築が目指されている。

極論と聞こえるかもしれないが、「国旗・国歌を尊重する」という教育目標が提示され（教基法第2条でそれが正当化されているとされ、現に多くの教育現場でそれが目標化されている）、その目標に見合う行動が、アクティブな学習行動形態の評価基準としてルーブリックに書き込まれていくならば、それは明らかに国家からみて望ましいとされる人格的な価値的態度が、「評価」によって強制されるという事態を生む。今回の指導要領の改訂が、使いようによっては、アクティブ・ラーニングとパフォーマンス評価という方法を結びつけ、国民を統制するものとなりうる要素を組み込んだことは、評価の方法の大転換であり、新たな危険性をもたらすものとなる。その危険性を見逃してはならない。

最後に付け加えておこう。日本には多くのアクティブな思考や学習を生み出す授業方法や理論がすでに開発されてきた。生活綴方は、綴ることによるアクティブな学習を開拓してきた。表現によってその学習と思考の過程を意識化し、対象化し、つくり替え、生き方をつくり出す能動的な学習のありようをつくり出してきた。数教協の授業論は、数概念の形成でつまずくポイントを見出し、その数認識の発達過程にまで降りたち、数の経験的認識を数概念の形成につなぐ思考の法則的回路を発見し、子どもにその思考回路を探究的にたどらせる教材（タイル教材など）と授業過程をつくり出した。加藤公明らの討論による歴史学習は、討論のアクティブさに止まらず、自ら仮説を立て、知識の獲得や調査や応答責任を背負った公共的学習空間での表現によって概念を獲得させていく学びとして組織されている（加藤公明『わくわく論争！　考える日本史授業』1991年、『考える日本史授業2〜4』1995〜2015年、いずれも地歴社、参照）。これらの成果をきちんと位置づける必要がある。そして何よりも重要なことは、これらの遺産や成果を受け継ぎつつ自由な教育実践の試行錯誤を展開する自由の不可欠性である。それなくして、今日の子どもの現実に即したアクティブな学びの開発は展開しない。その自由を剥奪する教育行政が、アクティブな学習を形式として強制しようとするところに根本的な矛盾がある。

第5章 評価の「権力化」「肥大化」のメカニズムと人格への評価
――「関心・意欲・態度」評価の問題性――

今日の学校教育における評価は、大変大きな問題を抱えている。その最も中心に「関心・意欲・態度」評価の問題がある。「関心・意欲・態度」評価が教育を混乱させ、教育実践と教師を権力化させている。「評価の科学化」「評価の緻密化」が評価の「肥大化」に結びつき、教育実践過程の評価過程化とでもいうような傾向が現れている。評価の肥大化で学習過程はたえざる評価に曝され、子どもたちは評価で学習を強制され、教師もまた上からの評価にしたがわされ、ともに評価基準を生きさせられている。教育のための評価であるはずのものが、評価獲得のための教育へと逆転しつつある。本来教育のプロセスにおいて限定的であるべきものが、強権的な主役となり教育を支配している。この事態を異常と認識し、本来の評価のありようを回復する評価論が求められている。

確かに、評価という仕組みがもっている強力な学習の方向づけと動機づけ機能をうまく活用し、それと「正しい」教育目標とを結合するならば、効率的な「正しい」教育実践を生み出し、さらには学力をPISA型学力へと組み替え、国際競争力に対応するものに育てていくことができそうにも思われる。しかしこの評価の機能による教育と学力改造という方法論には、根本的な危うさが含まれている。日本の学校の矛盾が、「過度に競争的な環境」（国連子どもの権利に関する委員会からの日本政府への『最終所見』２０１０年６月）に起因しているとすれば、競争と不可分に結合されてしまった評価という機能を、可能な限りこの競争の仕組みから切り離し、子どもの発達を支える純粋な形成的評価として機能させる条件を探究する必要がある。

一　評価の二重性

評価の機能には、常に①権力統制、支配の方法、②形成的評価――教育的支援と援助の方法、というこの両者の性格がいつでも反転する可能性をもって対抗的に組み込まれている。そしてこの20年間に、この前者の権力統制的性格が学校教育の評価において格段に強化された。学校の教育実践プロセスにまで、目標管理とＰＤＣＡサイクルが組み込まれていった。学力テスト体制は、上から提示した目標を競わせる統制の仕組みとして機能している。教基法に「教育目標」を書き込み、その「目標」を具体化したとする教育内容を効率的に実現していくためには、新指導要領の「目標」に「準拠した」より厳密な評価が求められてくる。目標を管理する教育行政の意図からして、単に相対評価ではなく、絶対評価としての「目標に準拠した評価」が必要となる。子どもの通知票（指導要録も含んで）に「目標に準拠した評価」が書き込まれることは、その意味ではより厳格な上からの目標管理体制の形成の産物でもありうる。したがって、評価が「相対評価」から「目標に準拠した評価」（絶対評価）になったこと（２００１年の指導要録の改訂）自体は改善であるとしても、状況は単純ではない。*

＊　確かに五段階相対評価は、①生徒を学力順位（相対的な位置）で評価するものであり、学習の成果を直接評価するという機能が弱く、②その評価を付けられた責任が子どもの側（能力や努力）に課せられて、教師の教育の責任を問わない、③生徒の成長、学力の向上の程度が評価に表れない、④順位をあげることが目標として提示されるが、何を学習すべきかという本当の課題は示されない、⑤少数の集団に対して五段階の定率的な配分は科学的根拠がない、というような点で、非教育的、非科学的である。そういう点ではこれが「目標に準拠した評価」と変えられ、ある意味で絶対評価化されたことは一定の前進であろう。しかしそれは、学力の中身にまで入り込んで教育と学力の姿を組み替えようと意図した文科省にとっては、むしろ必要な「改定」であったと見ることもできる。ある特定の学力の姿に照らして学力達成の到達度を測るには、その学力目標に準拠したテストを行い、その目標に準拠した到達度評価を行うことが、科学的な方法となり得る。したがって評価が「目標に準拠した評価」と変えられたとしても、評価の権力統制的な性格が「科学的」な仕組みとして維持されている点については、批判的に見ておかなければならない。

　教師の専門性に依拠した評価は、単にそれが子どもに対する「形成的評価」であるに止まらず、子どもの発達という根本的な価値的目的から自らの教育実践を再吟味する性格、評価の再帰的性格をもっている。教師が行う評価とは、子どもに向かう評価行為だけでなく、上から降ろされる教育目標や教育内容に対して、それが本来の子どもの発達にとって望ましいかどうかをも検証し、子どもが突き出す発達課題に応じて教育目標や方法自体を組み替えるという、教師の教育実践に再帰的に向かう評価をも含む。だから教育実践過程には、科学的な検証を可能にする教育学的専門性、知識や方法の科学的な吟味、真理への忠誠、研究の自由などが保障されなければならない。また、教師はその教育実践に照らして、政策をも検証し、新しい教育的真理を発見し、その成果をもって政策と対話し、公教育の制度や仕組みの全体を批判的に吟味、革新していく責務をも担う(1)。

ところが現在進行している目標管理システムやPDCAサイクルは、上からの目標への忠誠を組織し、それに批判の目を向けることに対しては厳しく取り締まり、目標に即して厳密に教師の教育実践を管理する仕組みとなっている。今日の評価の肥大化は、教育実践それ自体がもつ創造性、批判性、教育革新的な機能（下から上へのベクトル）を眠り込ませ、上からの目標を下に強制する統制性（上から下へのベクトル）を強めるものへと歪められている。

二　もう一つの評価の二重性

もう一つの評価の二重性は、子どもの学習到達度や学力評定に表れるものであり、配分的評価と形成的評価の二重性である。評価は、一面で形成的評価であるとともに、その同じ評価が配分的評価として機能することが多い＊。

＊　ここでは、狭義の「診断的評価」「形成的評価」「総括的評価」の全体を含んだ、子どもの教育的な指導のために行われる評価の全体を「形成的評価」と呼ぶ。ただしその場合、この三つの評価は「診断的評価」「過程的評価」「総括的評価」という呼称の方がよいだろう。なぜならば、形成的評価という性格は、教育の全体構

造からすれば、この三つの評価に共通する性格であると考えるからである。診断的、過程的、総括的の三つの評価は、そもそも一つの学習の最初、中間、終わりに対応したものであり、その全体が教育的形成の過程なのである。また、形成的評価と配分的評価という概念は、資格を認定したり、入学定員内に入る順位を判定したりして、ある特定の資格や位置（地位）を与える（配分する）評価（それをここでは配分的評価と呼ぶ）と、子どもの発達と学習を支えることを直接の目的とする評価（形成的評価）を区分するためのものである。

子どもに対する評価においては、それが形成的評価として展開されても、その評価の結果（評定）が、同時に配分的評価として機能することが多い。そのことは、ある意味での「絶対評価」としての「目標に準拠した」評価に基づく「内申点」が、高校や大学入試の判定基準として使用されるという事態に典型的に現れている。そういう力学のなかでは、入試判定において、一部で学校間の学力格差を考慮して、「絶対評価」の数値を再調整し、大数のなかでの正規分布に沿う「相対評価」として通用するように読み替える（換算する）ことも行われている。

重要なことは、今日の競争的な教育体制の下では、成績は「偏差値」として入学試験の合格ラインにあるかどうかという順位判定評価として働き、そのことに成績についての関心が集中される。たとえその評価が「形成的評価」として計測されたものであっても、その数値は同時に「配分的評価」としても働き、「配分的評価」としての機能が逆に「形成的」な教育の場に作用し、生徒をその内面の意欲のありようにまで及んで拘束してしまうのである。そのなかで、「関心・意欲・態度」評価が、配分的評価に含み込まれるならば、その評価は強力な権力性を帯び、人格そのものを統制する機能を帯びてしまうのである。

評価が子どもに対して権力化していくメカニズムについては、すでに佐藤興文が、1968年の「受験学力の構造」の分析によって鋭い指摘をしていた。(2) なぜ権力的というかというと、それは学習についての目的が子ども（学習者）の内から発達する回路を剥奪し、評価者によって設定された到達目標を子どもが競争に勝ち残るための目標として内面化し、学習に対する競争的意欲の回路を有無をいわさず子どものなかに形成するからである。学習への意識性を強め、学習を励ますはずの評価、その評価機能の強化が、学習の目的を間接化し、文化や科学習得への要求を間接化し、競争という磁場なしには学習への意欲も目的意識も生まれない人格構造を形成してしまうからである。

補足すれば、配分的評価は、不可避な面があり、それ自体が非教育的なのではない。根本問題は社会の側の配分のあり方の側にあり、その問題性が、評価を介して、人間形成を歪めたり、差別を押しつけたりするのである。

三　教育実践における「態度」評価の位置
――子どもに寄り添う評価との関係について――

現在の学校での評価問題の焦点の一つは、観点別評価の一環としての「関心・意欲・態度」評価にある。評価とは、教育実践の全過程を通して行われるものである。その意味で評価なしに意図的な教育実践は成り立ちえない。教師による評価は、単に教育内容の獲得の知的認識のプロセスに止まらず、学習者の側に獲得されている認識の構造、思考の方法、判断様式、価値意識、さらに問題関心や意欲、生活意識や生活経験などが新しい教育内容の習得、それによる新しい認識や思考の獲得にとってどう作用するか――助けているのか障害となっているのか、学習にどんな効果を及ぼしているのかなど――をも評価する。そういう意味で新しい認識や思考能力の獲得にとって、「関心・意欲・態度」がどう働いているかを評価する。さらに、学習によって獲得された知識や認識、方法の獲得が、「関心・意欲・態度」を発展させ、生活自体の組み替えにつながっていくように指導を工夫する。

そういう「関心・意欲・態度」評価は、当然にも人格のありようについての評価を深く含むことになる。しかし果たして、教師にそのような子どもの人格評価は許されるのだろうか。ここで注意すべきことは評価と評定の関係である。人が人を支えるとき、支えようとする人間は、援助・指導の対象となるその人の人格がどういう状況にあるのか、支えるためにはどうすればよいのかという視点で、その人格のなかにある困難や矛盾の質をとらえようとする。そしてどう働きかければよいのかを分析し、働きかけの実践をプログラムする。そして実践を試み、再度その実践の結果を評価する。その際人格を教師の判断や意図にしたがって方向づけるような仕方ではなく、子ども自身が自分の人格に向かい合い、意識化し、主体性を回復するような仕方によって、働きかける。そしてそのような評価が許容され、子どもに受け入れられるのは、教師が、自分の成長を望み、自分の人間としての尊厳を守る構えをもっているという信頼のなかにおいてであろう。それは、その子どもの生活現実や内面の思いに寄り添うために――そのための教師の支援のあり方を構想するために――こそ行われる評価である。その意味でそれは、ほとんど純粋に形成的評価であることによって、受け入れられ、許容されるものである。

だからその評価は、子どもへの働きかけと分離され、そこから独立して、一定の外的基準に照らした人間に対する価値的な評定として機能させられてはならないものなのである。教育実践過程は不可避的に「関心・意欲・態度」評価を含んでいるとしても、それを「評定」化してはならないというべきであろう。この評価が「評定」化され、ましてや数値化され、さらにその観点別評価を合算または平均して、総合の「評定」が出され、さらにそれが入試の内申点、配分的評価として機能させられるようなことは許されないのである。

それは先に述べた、評価の二重性に関わっている。評価は、形成的評価と配分的評価の両側面を背負っている。たとえ「関心・意欲・態度」についての形成的評価であっても、それが評定化され、ましてや数値化され、「配分的評価」として機能させられるならば、それは子どもの側からすれば、人格の順位判定、すなわちその存在そのものの価値判定として受け取ってしまう。そのような評価は、結局、人格支配として権力的に機能する。ましてやそこに特定の人格的態度や関心が「教育目標」として提示され、その到達度が評価されるとすれば、その人格的な目標へどれだけ自分を合わせせられるかという圧力として評価は機能せざるをえない。そういうことが、「態度目標」、「パフォーマンス目標」として提示されれば、それを演じることが強制される。「資質・能力」を詳細に書き込んだ新指導要領の下では、「関心・意欲・態度」評価はまさにそのように機能せざるをえない。*

＊ 補足すれば、だからこそ、教科「道徳」においては、学習と指導の過程から時間的、空間的に切り離された評価（評定）――例えば学期末の評価――が行われてはならないのである。第一に、そもそも、この教科に固有の学習させるべき客観的な教材、客観的な知識がないなかで、何を学習し習得したかを客観的に計測す

ること自体が不可能であり、第二に、道徳的な価値認識は、まさに人格を方向づける個の価値意識そのものであり、それを特定の基準から評価することは価値統制そのものとなるからである。しかし、教師は道徳性の形成のために子どもの道徳意識を先に述べた形成的評価において評価しないのか。その点では教師は形成的評価を行う。しかしそれは、子ども自身が自分の道徳性を対象化し、どう矛盾や困難や課題を解決していくべきかを考えるためにどう指導すればよいかを検討する必要から行うのである。そしていかなる道徳的価値を選び取り自分のなかに形成させるかは、他者とともに生きるためにこそ他者との間で合意・了解し合うことのできる人間的な規範を共同で探究させるという方法で進める。その意味では、個々人の道徳性を評価するのは、個々人が作り出す関係性そのもののもつ再帰的な——自治や自主性や科学的真理探究の精神と結合された——自己評価の仕組みだといってよい。だから学校教育は、人類が蓄積してきた基本的人権の尊重や民主主義などの価値を学ぶことと結合しつつ、何よりもこの関係性、集団の中での道徳性の自己—相互吟味システムを学校生活のなかに作り出す方法に依拠して、道徳性の形成という課題を遂行していかなければならない。

四　中内敏夫の評価論について

ここで、評価論に関わって、「態度」をどう位置づけるかが、一つの課題となる。その点では、中内敏夫の評価論を検討しておく必要がある。

中内敏夫は、「態度」問題についての「一元論」的把握の立場を提示する。中内の一元論とは、教育内容の習得が「習熟」段階、すなわち知の「思想への『気化』」段階に達するときに態度が表れるとし、教育内容の習得による知の形成の側から一元的に「態度」が展開するとするものである。[3]
中内は、学力を、専ら教育内容の習得によって獲得できる、そしてそれを与える教師の授業の結果として獲得されたもの（taught outcome）としてとらえる。さらにその一元論の延長に、知の発達の新たな段階において「態度」が生まれてくるとする「段階論」を展開する。そこから、客観的な知の習熟段階として現れる「態度」の評価はあり得ても、それと別に「関心・意欲・態度」評価を設定することはないとする理論を展開する。

①「到達度評価・目標論の立場は、はっきりしていて一元論であり、態度主義者たちのいう関心・態度問題を次節でのべる『習熟論』として説くことによって、価値判断や感情や意欲は、存在の認識のひとつのかたち、またはその成長のある段階を示すものというふうに考える。徳とは知の自己一身上のかたちにほかならず、学力評価論にいう学力の『基本性』が存在の認識の当否を示すカテゴリーであるのに対して、その同じ学力の『発展性』の段階をあらわしているものが、価値の内容をなす人格と生活行動ののぞましい在り方を示すカテゴリーであるとする。そして、この『発展性』段階としてあらわれる知の個性的な定着のかたちとしての学力の習熟の形態が、『態度』とか『関心』とよばれているものだ、とするのである。だから、到達度評価・目標論者たちは、知が個性と創造性を獲得し得ず、教育と生活の分裂がおこる、つまり『学力と人格』問題が発生するのは、そこでわかち伝えようとしている知の内容とそのわかち伝え方の方に問題があるとし、その是正につとめるのである。」（これは「到達度評価・目標論の立場」として説明されているが、中内氏自身の立場でもあるとみてよい――引用者）

②「到達度評価・目標論では、認識が意欲を引き出さず、主体化され、行動化されないのは、その認識をみちびいた目標内容や教材、指導過程などに欠陥があるためだと考える。そこで、このようなばあいには、教師は、診断的評価、形成的評価によってえた子どもの反応の様態をふまえ、また、当事者である子ども本人や親の協力をえて、これらの欠陥をなおすよう、目標をかえたり、教材をいれかえたりする。[4]」（傍点引用者）

だから、「態度」を「教育内容」の習得の側から、その「発展段階」（知の習熟段階）として一元的に説明するという論理を採らず、その外側から——生活意識や関心・意欲の側から——影響を受けるものとして把握する論理は態度問題をめぐる「二元論」として、批判する。そしてその視点から、坂元忠芳の学力論——「学力」と「生活意識」、人格との関係を問う学力構造論や教育実践のありよう——を、学力と態度の二元論に陥った「態度主義的な学力論」として批判してきた。[5]

しかしそうであろうか。もちろん、「学力と人格の問題」が発生したときは、当然、その教育内容と教育方法の課題として引き取る部分があることは当然である。教師はその困難性を、教育内容や方法の改善によって新たな仕方で子どもに働きかけることによって対処しようとするからである。しかしそれは、もっぱら教育内容と教師の側の方法の問題として、だけではない。教育内容や働きかけの方法が、子どもの現実に対して真に有効に働きかけ得ていないのではないかと事態を「評価」し、その背後に子どもの生活意識や生活現実の困難性や矛盾があり、その困難性が子どもが認識を歪め——さらには概念形成の質を歪め——、あるいはそのことへの困難をもたらす（あるいは逆に、だからこそ新たな可能性をもつ）ものとして立ちふさがっているのではないかと考え、その困難性に働きかけ、子ども自身の認識の歪みや意識に働きかけるのである。すなわち、評価の視線を、教育内容や方法に止まらず、子ども自身のおかれている状態、そのことに規定されて子どもの内面に生活意識として形成された概念の歪み、さらにはその学習課題に向けられた子どもの意欲や関心のありようにまで向け、その評価を介して、再び教育の方法の再構成に向かうのである。しかし中内評価論は、この子どもの生活認識や子どもの人格の側の価値意識等について、そこに学習への関心、意欲や主体的認識が形成されない重要な原因があり、また逆にそれと学習とを結合することに学習を子どもの生き方（態度）を切り拓くものにするカギがあるとして重視し、そこに働きかける実践は、態度主義的二元論として否定する論理構造となる。*

＊　この点に関わって、この文脈では、「態度」の意味を坂元忠芳の指摘する以下の意味に限定して位置づけておく必要がある。すなわち、学習意欲や関心を支える一般的土台としての「態度」の問題ではなく、学習過程における認識の構造を直接に規定する「態度」の問題として限定するということである。中内の坂元学力論への批判は、この坂元の指摘するレベルでの論争とみる必要がある。

「……学力と態度との関係という場合には態度を子どもの行動にあらわれた外的傾向としてとらえるのではなくて、認識能力としての学力をささえる心的傾向としてとらえる必要があり、そのことは、学力と態度との関係を、一方を教科活動をとおしてつけられる一定の認識能力として、他方を教科外活動をとおしてつけられる一定の行動態度としてとらえ、これを結果として、人格に結びつけるといった関係としてではなく、認識能力とそれをささえる一定の内的傾向との内的連関としてとらえることを意味するのである。」（坂元忠芳『子どもの能力と学

力』193頁、傍点引用者）

　ここで考えておく必要があることは、中内の「一元論」に立つならば、教育実践において、人格と学力の関係を問うことが退けられるという点である。氏のいう「一元論」に立って態度を知識の習得の発展段階としての「習熟」段階において子どもが獲得する質と規定すれば、論理的には矛盾がないように処理できるとしても、また「学力は、その最大限に共通する部分を探し、その共通部分のひとつひとつを足場にして、構築される能力の体系」（『中内敏夫著作集Ⅰ』116頁）であり、その「習熟」段階の質が「態度」に組み込まれるとしても、その「習熟」が知の個性化をもたらし、個に即した固有の「態度」を与えるには、子どもの側の何らかの「個性」を前提とせざるをえないのではないか。そしてそれは、一人ひとりの関心であり、課題への態度であり、その生活史的な蓄積を通して形成されてきた既習得の概念に結晶した価値と認識の結合体の個性的差異であり、固有の生活意識なのではないか。そもそも学習の場に全く「目的」や「態度」をもたない――その意味で「空白」な――学習者を前提とし、「目的」や「態度」は教育内容を学習することで初めて生まれる〈taught outcome〉であるとすることは、子どもの実態にそぐわない。同じ教育内容や到達目標の「習熟」が、個々の学習者のなかでそれぞれ異なった「個性化」へと展開していくメカニズムが、そういう把握では解明できないのではないか。

　しかし中内は、学力の客観的評価可能性を最も重視する立場から、学力モデルの全体を評価可能な学力のモデルとして構成することを主張する。そのため、「形成」が、「教育」とは異なった独自の仕方で「人間形成」作用を及ぼし「人格」を「生成」することを視野におきつつも、その「形成」作用と教育による学力形成の作用とを区分し、「形成」が及ぼす人格形成作用がどのように学力形成に影響を及ぼすかの仕組みは、学力モデルから排除する。そして、学力を〈taught outcome〉としてあくまで「教師の授業の結果」として把握し、「子どもの学習活動の成果」として学力を把握する視点を退ける。その結果、「子どもの学習活動」のなかで学力が形成される過程における人格（その一つとしての態度）と知識との関係、そのなかにおける学力の質の組み替え、逆に学力の獲得による生活意識の変容などの成果——いわば〈learned outcome〉——を学力モデルから排除する。中内は、「『生きて働く学力』や『創造的思考』の核である転移や洞察を私的で非決定論的なものとしてとらえていったのでは、その発達、未発達を測定する客観的基盤がでてこない」とする。子どもの学習の過程は、決して教育内容の側から一元的に——決定論的に——展開するものではあり得ず、一人ひとりの生活意識や関心・意欲に浸透されて個性的に——その意味で「私的」に差異的に——展開するものであろう。しかし中内は、あくまで学力を、「教師の授業の結果」〈taught outcome〉として把握することにこだわり、教育内容の「認識精度」を高め、それを氏のいう「習熟」段階にまで至らせることで、態度や「独創性」がそこから生まれてくるとする(6)。

　私は、中内の、「態度」が新たに形成・発展していくのは「習熟」段階であるという論理については、かならずしも否定しない。しかし、その習熟過程は、それまでに獲得された生活意識を含む認識力や判断力、価値意識、方法意識や技と新たに習得される知識や技との、そしてまたその過程を主体的に意欲させる課題意識や関心との相互交渉過程として把握される必要がある。そのような「人格」と新たな習得知との交渉なしに、教育内容の学習の習熟段階で教育内容から態度が形成されるという想定こそ、非現実的であろう。またそこで交渉する主体の側の獲得物は、教育によって獲得されたものに止まらず教育外の形成作用によって獲得された獲得物（生活意識や経験知、価値的な判断力、等々）をも含むと考えるのが当然であろう(7)。

以上の検討を踏まえるならば、今、あらためて、子どもの生活意識、いじめなどを含む現代的な子ども関係や新自由主義社会の形成作用によって強力に規定された人間観、社会意識、生活規範意識、それと結びついて子どものなかに生まれている自己責任意識、脅迫的な同調意識、それらがもたらす生きにくさや不安、等々を、子どもの自由と主体性を切り拓くために、子ども自身がそれらを認識し、組み替え、再構成することを、学習の課題とするような教育実践を創造することが必要になっていることを強調したい。

五　評価の肥大化ではなく子どもに寄り添う指導を

あらためて、評価の肥大化を抑制しなければならないと思う。先にも述べたように、意識的な教育の過程は同時に評価を伴う。しかもその評価は、「教科内在的」な知識理解や知的認識に対するものに止まらず、その学習の過程に関わる子どもの生活意識や価値意識、さらにはその土台にある人格的な関心・意欲・態度に及ぶ。

なぜこの子どもの学習が進まないかと考えるとき、その教科学習に直接結びついた（「教科内在的な」）子どもの生活的認識や「関心・意欲・態度」のありように教師の目（評価の目）が向かわざるをえない。さらにそこに止まらず、（「教科外在的」な）日常の生活実態や家庭の貧困の実態や、そこでの生活態度のあり方にも教師の関心が向かい、その改善をも教育実践の課題として位置づける。その意味で教師の教育実践と評価行為は、単に教育内容編成や教育方法の改善に向かうだけではなく、子どもの態度にも向かう。しかし、教師が子どもに働きかける教育実践を構成するためにそのような「評価」（子どもをつかむこと）が求められているとしても、子どもにとって何よりも重要なことは、それ自体が目的と価値をもった自分の生活や学習の過程を生きることであり、そこでの子どもの活動を主導する目的や関心・意欲は、決して、教師の側が自分の実践を組み立てるための目標や到達目標によって、さらには教師が子どもの発達方向を予定しそれへの到達度を測る評価基準によって、すなわちあらかじめ設定された「目標」に沿って、「目標に準拠した評価」に主導されて、呼び起こされるものではない。

生活綴方教師は、子どもの「関心・意欲・態度」を深くつかもうとしていた。しかしそれは、教育実践過程に包まれて行われていた。教師の評価行為は、そのなかで子どもを「つかむ」ことに向かい、どんな目標の形成や意識化を促すかを教師が個々の子どものなかに発見し、それを子ども自身に意識化させる指導として展開された。したがってそこでは子どもが教師による評価を意識し、教師の評価（目標）に沿うように努力することで学習に向かうという回路で「評価」を働らかせようとしたのではないし、そういうことは間違いとして退けてきた。

子どもの学習や生活の主体性、能動性は、評価基準として設定された目標から引き起こされるものではない。子どもの主体性の形成、生活と学習の目標の意識化は、子どもをつかみ、子どもを主体的に生きさせるための、人間的共感に媒介された指導や援助、そのなかで働く形成的評価によってこそ可能となる。さらに自らの目的意識を高め、その自分自身の目標に対する自己評価サイクルを子どものなかに発動させることが必要となる。それは子どもがいまどう生きるかに寄り添い、共感し、支えるという子ども把握と子ども指導の方法を磨くことなしには実現できない。評価をどうとらえるかは、教育学と教育実践における重大な論争的焦点となっている。

【注】

（1）この点での評価の機能について、中内敏夫は、「教師の専門職能、教員組織の序列が、教育過程、教育目的の構造が、そしてそれらをつつむ公教育制度と国家政策そのものが、評定の尺度になるのではなく、逆に、評価のまないたにのせられることになる」（『中内敏夫著作集Ⅰ「教室」をひらく――新・教育原論』〔藤原書店、1998年〕、165頁）というダイナミズムにおいて把握している点は、重要な指摘である。

（2）佐藤興文「受験学力の構造」（初出は1968年）、『学力・評価・教育内容』（青木教育叢書、1978年）に収録。

（3）前出『中内敏夫著作集Ⅰ』、410頁。

（4）同(3)、①396頁、②400頁。

（5）同(3)、406～410頁参照。

（6）中内の論理のテキストは、『中内敏夫著作集Ⅰ「教室」をひらく――新・教育原論』（藤原書店、1998年）。

（7）補足すれば、中内氏の「段階説」にたつ到達度評価では、「関心・意欲・態度」は、教育内容の習得の「発展段階」としての習熟の過程に現れるものであるとし、その習熟段階に現れる学力の質を到達度目標として設定し、それに照らして生徒の学力の到達度を評価・評定するとする。しかしそれは、氏のいう「一元論」に立っているゆえに、学力の評価とは別に「態度」を評価するという態度主義的な二元論に陥ることは、論理的にありえないこととなる。だからまた、学力の到達度と切り離して態度主義的に「人格評価」を与えることは、批判されることとなるだろう。その意味において、中内評価論が、現実の「関心・意欲・態度」に対して批判のスタンスを取っていることは、積極的に評価できるだろう。

Ⅲ

生きることと学力

第6章 「知識基盤社会論」批判

――労働の未来像と能力・学力の価値について――

グローバル資本の利潤獲得視点からする雇用戦略が、学力への要請としてそのまま教育の世界へもち込まれるならば、雇用格差や雇用剥奪を不可避として組み込んだ新自由主義の労働力市場の土俵で学力サバイバル競争が昂進するほかない。そして、地域の崩壊、全体としての労働者の低賃金化などが急速に進行するだろう。しかしはたしてそれは不可避なのか。グローバル資本の利潤獲得の世界戦略に即して未来社会を構想し、人間の能力形成、人材形成を方向づけることは、はたして妥当なのか。

それに対しては、すべての人間の労働力を価値あるものとして実現することを目指す新しい労働力配置の仕組みの探究が課題となる。そしてそこから提示されるすべての人間の学力に対する「要請」と「期待」が対置されなければならない。現在の雇用格差を前提としたままでは、学力不足を理由とした社会的排除は、学力を高める競争によっては決して克服できない。これだけの高度の生産力段階に到達し、かつてない社会的富が蓄積されているにもかかわらず、その富が巨大資本に私的に占有され、それがグローバル資本の競争を勝ち抜く戦略のために再投資される仕組みの下では、人間労働が生み出した富が正当なレベルで労働者に還元されないとともに、地球世界が直面している危機に対処するためにその富を向けることもまた拒否され、そのために人類史的な困難、矛盾が拡大しつつある。広範な民衆の民主主義的な意思によって、人類の直面する課題解決のためにその富が投資され、人間労働があまねく役立てられる労働(力)配置、地域に経済的な価値が持続的に循環する経済システムの構築がめざされなければならない。そのような新しい労働と経済の仕組みを築くこと、築こうとする努力を伴って、すべての子どもの学力、労働力への熱い期待が、彼らに向けられなければならないのではないか。

一 「知識基盤社会論」のねらい

ここでは、現在の新自由主義社会の展開の延長に来るであろう未来像を提示するものとしての「知識基盤社会」という概念を、批判的に吟味する。

この概念は、教育政策文書でも、教育学においても重要なキー概念として使用されつつある。すでに2006年度の『文部科学白書』は、「知識基盤社会――英語のknowledge-based societyに相当する語。論者によって定義付けは異なるが、一般的に、知識が社会・経済の発展を駆動する基本的な要素となる社会を指す。類義語として、知識社会、知識重視社会、知識主導型社会などがある。」(157頁)、と記していた。中央教育審議会答申「我が国の高等教育の将来像」(2005年)では「知識基盤社会」の特質として、「1 知識には国境がなく、グローバル化が一層進む、2 知識は日進月歩であり、競争と技術革新が絶え間なく生まれる、3 知識の進展は旧来のパラダイムの転換を伴うことが多く、幅広い知識と柔軟な思考力に基づく判断が一層重要となる、4 性別や年令を問わず参画することが促進される」をあげていた。さらに、２０１６年12月に出された中教審答申には、「子供たちの65％は将来、今は存在していない職業に就く（キャシー・デビッドソン氏、ニューヨーク市立大学大学院センター教授）」との予測や、「今後10年～20年程度で、半数近くの仕事が自動化される可能性が高い（マイケル・オズボーン氏、オックスフォード大学准教授）」などの予測が紹介されていた。また、「２０４５年には人工知能が人類を越える『シンギュラリティ』に到達するという指摘もある」という注記が付されていた。すでに個別の学校目標に、「人権尊重の精神を基調とし、グローバル化する社会の中で知識基盤社会に主体的に対応できる知性と感性に富み、健康で人間性や国際感覚豊かな○○中学校の生徒を育てる。」などと書かれたものも出現している。

さらに政府（内閣府が中心）は、この「知識基盤社会」を土台にして日本社会に新しい未来社会を構築するとして、「Society《ソサエティ》 5.0」構想を提示している。このコンセプトは、科学技術基本法第5期（２０１６年度―２０２０年度）のキャッチフレーズとして登場した。

内閣府ホームページ(1)は、「サイバー空間（仮想空間）とフィジカル空間（現実空間）を高度に融合させたシステムにより、経済発展と社会的課題の解決を両立する、人間中心の社会（Society）狩猟社会（Society 1.0）、農耕社会（Society 2.0）、工業社会（Society 3.0）、情報社会（Society 4.0）に続く、新たな社会を指すもので、第5期科学技術基本計画において我が国が目指すべき未来社会の姿として初めて提唱されました」と説明している。そして「これまでの情報社会（Society 4.0）では知識や情報が共有されず、分野横断的な連携が不十分で」、「少子高齢化や地方の過疎化などの課題に対して……十分に対応」できなかったが、「Society 5.0で実現する社会」は、「ＩｏＴ（Internet of Things）で全ての人とモノがつながり、様々な知識や情報が共有され、今までにない新たな価値を生み出すことで、これらの課題や困難」が克服され、人工知能（ＡＩ）やロボットなどの技術で、「少子高齢化、地方の過疎化、貧富の格差などの課題が克服され」、「モノやサービスを、必要な人に、必要な時に、必要なだけ提供されるとともに、社会システム全体が最適化され、経済発展と社会的課題の解決を両立していける社会」（傍点引用者）が来ると述べていた。

しかし、この「美しい」未来像は、いったいいかなる科学的根拠をもっているのだろうか。「社会的課題」――温室効果ガス排出削減、食料の増産やロスの削減、富の再配分や地域間の格差是正、等々――は一体どうやって解決されるというのか。それは「ＩｏＴ、ロボット、人工知能（ＡＩ）、ビッグデータ等の先端技術」が解決してくれるという。これではもはや政治などというめんどくさい仕組みは不要で、コンピュータが政治的「正解」、政策解をすべて与えてくれ、主権者などというものは不要で、消えてなくなる――したがってもちろん主権者育成も不必要――という未来社会が描かれているようにも読み取れる。たとえ、ＡＩが、価値の平等的配分に関して、よりましな「解」を提起したとしても――今日のような格差の拡大に対して、ひょっとするとＡＩは、ビッグデータに依拠した警告を提起するかもしれない――、それを実行するのは、人間であり、資本の支配に対抗する国民的な意思なくしてはそれは実行されえない。ＡＩが自分の判断を実現する政治的な力を創り出すわけではないのである。

そもそも、現代の新自由主義社会で引き起こされている最大の問題は、価値の配分の問題であり、巨大資本に社会の富が集中され、その富が、資本の利潤獲得戦略にしたがって――だから人権保障、賃金保障、格差問題、環境問題などの解決には向けられないで――配分されていることから生まれている。従来の国民国家は、国民の意思に沿って、労働権や生存権保障のために、企業から法人税を徴収し、それを国民に再配分する機能を高めてきたのである。しかし社会と国家の新自由主義化は、企業利潤獲得の障害になるとして、権利保障のための「規制」を解体（緩和）し、国家権力をグローバル資本の利益を実現するための装置へと改変しつつある。その結果、世界中に格差、貧困、命や平和やアイデンティティの危機が生まれているのである。そのことを正面から問わないで、ＡＩや科学技術の全面展開が、すべての社会矛盾を解決してくれるというビジョンは、根拠薄弱という以上に、新自由主義とグローバル資本の危険で反人類的な本質を押し隠すイデオロギーともいうべきものではないか。それはまさに「ＡＩによる未来社会論」であり、「一種の『ＡＩ物神崇拝』[2]」ということもできるだろう。

しかもこの「ソサエティ5.0」ビジョンには、グローバル資本の戦略が、ユートピアを実現する方法であるかに偽装されて、詰め込まれている。政府は、「我が国は、課題先進国として、これら先端技術をあらゆる産業や社会生活に取り入れ、経済発展と社会的課題の解決を両立していく新たな社会であるSociety 5.0の実現を目指しています」と宣言している。それは、「ソサエティ5.0」にむけた社会インフラの構築を最大投資部門として膨大な国家資金をつぎ込み、そのような領域で圧倒的な技術力と資本をもつグローバル企業とのコラボレーションによる巨大な開発を行っていくという宣言に他ならない。

もちろん、科学技術開発、ＡＩの開発、インターネットによる新しい情報ネットワークの形成などが、グローバル資本の利潤蓄積戦略の下に独占的に利用されることを阻止し、労働権や生存権、平和と安全のために利用されていくならば、政府のいう「ソサエティ5.0」とは異なる社会像が見えてくるだろう。しかしグローバル資本を規制し、そういう方向に向かわせる意思の形成、結集なしにはその見通しは切り拓かれない。はたして、「知識基盤社会」（あるいは「知識社会」――ここでは同一概念として扱う）という概念は、どこまで科学的に吟味されたものなのであろうか。そこにおける労働の未来像、そこから提示される人材要求、学力要求にいかなる正当な根拠があるのだろうか*。

＊　「知識基盤社会」論は、そこに重大かつ根本的な経済学的、哲学的な命題を潜在的に提起している。しかし、その「命題」は検証、論証されていない。にもかかわらず、その「命題」は、人々の価値判断に影響を与え、その意味ではかなり強力なイデオロギーとして人々の意識において働きつつある。その「命題」とは以下のようなものである。①価値を知識がうみだすのか？　労働の価値ではなく知識が価値を増殖するという理念を含んでいること。②知識、科学技術の発展が、社会の生産構造を変え、新しい未来社会をもたらすという理念。資本主義という経済関係が、科学技術の高度化による雇用形態の変化を土台にして、いわば技術発展によって変革されるという理念。雇用問題は階級的性格とは異なった様相をもって展開し、克服されていくとする理念。③ロボットと人間が雇用をめぐって競争し、ロボットの利用（雇用）によって人間労働は駆逐されていくという未来像。④「労働価値説」に立つ経済循環原理自体が廃棄され、科学技術、ＡＩなどの無人の生産体系が無限の商品、あるいは使用価値を生産する社会が来るという未来像、などである。それらについての本格的な検討はここでは行わない。今後に予定している著書『知識基盤社会論批判』において、検討する。

二 「知識社会」、「知識基盤社会」とはなにか
──資本主義的生産の仕組みと知（技術）の関係から──

（1）グローバル資本主義の基盤の上での知と技術の意味の変化

結論から言えば、「知識基盤社会」なるものは、今日のグローバル段階の資本主義と、技術の今日的発展段階との結合によって出現した社会と経済の新たな現象形態を説明する概念として出現したと見ることができる。その本質をとらえるためには、その現象形態を以下のような全体性をもった構造的変化として把握する必要があるだろう。

第一に、現在のグローバルな経済競争段階においては、資本の利潤獲得にとって、①低賃金に依拠した世界水準の安価な商品の生産と、②高度な知とデータの開発と操作による、他に勝る優秀な商品開発と市場戦略の展開が重要になる。そしてグローバル資本にとっては、とりわけ②の領域での勝利こそが、決定的となる。資本主義において、グローバル市場競争に勝ち抜くために、他者よりも高度な知、技術、情報の獲得、管理と操作が不可欠になり、その開発、独占、応用能力こそが、中心的な生産と市場競争のための戦略として求められるようになった。「知識基盤社会」とは、その意味での「知識獲得競争」が競争力を高める決定的な要因として課題化されたグローバル経済競争の歴史段階を指すものである。

第二に、その変化は、個別資本が、知識や技術を私有し、それを自己の利潤獲得と競争に勝ち抜くために、私的に使用することを促進する。そして知の獲得と開発が、個別資本により多くの利潤の取得を可能

にするならば、知の開発は、それ自体が資本の利潤獲得のための投資対象となる（知の開発への投資が資本の平均利潤率を超える特別剰余価値をもたらす）。そしてそのような私的投資によって獲得された知は、資本の私的所有物として資本に独占、占有されるものとなる。そのことは本来人類的な共有財産としての知が、資本の競争戦略というインセンティブに包摂され、膨大な資本（社会の富）投入の対象となり、私的資本による知の開発とその成果の私有が新しい規模とスピードで進行するという、資本主義的生産の新たな性格を出現させる。

第三に、知は商品の開発、市場戦略に勝利するために機能するに止まらず、「共有知」であるべき知が、私的資本の所有物となり――特許などの法的制度を介して――、さらにその知や情報が商品として消費されるようになる。その結果、その知や情報の「使用料」が資本の利潤として集積されるという経済の構造的変化が生まれる。さまざまなソフトやアプリが商品化され、「情報」を消費する使用料が徴収される事態の急速な拡大は、その現れと把握できる。そこに知や情報それ自体が価値を生み出すという「仮象」が生まれる。

第四に、そのことは人類の共有財産という本質をもつ知が、私的資本の僕《しもべ》になるということを意味する。今や知の開発と探究には、膨大な経済的富を注ぎ込まなければ達成できない段階となった。そのような開発を強力に推進する第一の主体は企業となり、もう一つの主体は、国家――国家の科学技術開発政策――となる。そして、新自由主義国家は、企業の戦略を国家予算を動員して手厚く支援する国家であり(3)、人類の生存と幸福のために知の開発を国民主権の立場からコントロールする仕組みが「規制緩和」され、国家は、企業利潤、企業戦略のために公共的な研究システムや教育システムを動員する強力な主体となる。そのために、企業利潤に直結しない、あるいは時としてそれに反する真理と技術の探究の営みが抑圧されていく。そのことは、人類の知の危機を孕んだ知の急速な発展の時代を生み出す。グローバル資本と一体化した新自由主義権力が、この知の生産と管理を強大な権力と財政政策を動員して展開する事態が出現する。それは教育政策、人材養成政策、科学技術政策、高等教育政策、情報政策等々として展開していく。

およそ以上のような変化が、まずは「知識基盤社会」の内実となる。

(2) グローバル資本の利潤獲得のための人材戦略

知識基盤社会論は、労働の知的な質が高められる必要を強調し、またそういう知的に高い労働でなければもはや社会的な労働としては役に立たなくなるという「恫喝」的な理念としても機能しつつある。しかしそれは本当か?

この問題を検討するために、「知識基盤社会」の労働力の変容のイメージを取り上げてみよう。そのために、①社会的に必要な労働力構成が、知識基盤社会論に依拠すると、なぜ知的に高度な質をもった労働の側へと偏った構図になるのか、②そのこととグローバル資本の利潤獲得戦略によって求められる労働力獲得戦略とが、どのように関連しているのか、③はたして、私たちはどのような未来社会像に依拠して、労働力の構成を把握し、労働力の育成を構想し、人間労働の具体化、その尊厳を実現していけるのか、を検討しよう。

第一に、グローバル資本の人材戦略は二つの性格を併せもつものとなる。一つには、世界的に調達できる低賃金に依拠できる労働部分を発展途上国の低賃金労働に求める戦略である。そのため、工場の海外移転、海外へのアウト・ソーシング、あるいは国内の雇用についても、安い海外からの労働者（外国人労働者）に置き換えるなどの方策が採用される。もう一つは、国内の企業活動を経営の中枢的業務と知的開発部門に集中させ、それに見合った高度の知的労働に対する需要を増加させる。したがって、国内の一般的な労働においては、海外からの労働とのフラットな競争に曝し、非正規労働化や派遣労働化が進む。他方、高度の知的労働については、人材獲得競争が激化し、その最先端的な知の担い手に対しては、高額の給与支払い（人材確保のための投資）も行われるようになる。

第二に、グローバル資本の産業配置戦略からして、国内における労働と産業部門の一面的な再編が進行する。高額な利潤が獲得可能な領域に大量の投資が行われ、そうでない部門は可能な限り縮小されていく。たとえば日本の農業は全体としては世界的な競争力を欠いたものとなり、それに対する投資は縮小され、代わりに世界から食料を輸入し販売する流通ルートの掌握（流通部門）に膨大な資本が投下され、食料確保という国民の死活を制する営みが巨大流通資本の利潤獲得の戦略によって管理されるようになる。その結果、世界戦略的価値をもたない地域の産業が衰退し、多くの地域から労働の場が縮小され、リストラや失業が拡大する。そういう構造的歪みを伴うグローバル戦略からする地域崩壊を含む地域の再編成が進行する。

第三に、科学技術の発展、とりわけＡＩ技術の発展などによって、情報技術が進展し、情報それ自体が商品としてネット空間を通して流通し、商品として消費される経済活動領域が拡大する。さらにロボット技術の急速な進展によって、人間労働の多くの部分をロボット作業に置き換えることで、労働者への支払い部分（可変資本）を縮小し、資本の利潤を増大させる戦略が展開される。本来ロボット技術の進展は、人間の労働時間短縮の可能性を広げるものであるが、資本の利潤獲得戦略に沿って、ロボット労働が人間労働に敵対する性格――労働者の職を奪う性格――で拡大していくならば、一国の雇用は、単純労働領域に止まらず、多くの事務労働、工場での生産労働、流通サービス労働、等々の多くの領域で縮小し、その分野の雇用が空洞化する。

第四に、それらの結果として、図表（174頁――労働の知的な質の差と労働力構成〔イメージ〕）に示したように、一国の経済が成り立つ全体的な労働力構成（曲線P）に比して、右にずれた知識基盤社会モデルにそった労働力構成（曲線Q）、グローバル資本の経済戦略に対応した労働力需要が生まれ、国内の労働力養成の戦略がこのグラフに沿ったものとして設定されるようになる。労働力需要は、グローバル資本が世界市場を支配し、知や技術を独占し、莫大な利潤を確保するための世界的競争戦略に対応したものへと組み替えられていく。

第五に、それらの結果、「知識基盤社会」が求める学力は、まさにグローバル資本の世界戦略と直接結びついた能力規定を受けることとなる。それは確かに本田由紀の指摘するような「ハイパー・メリトクラシー」型の能力(4)、あるいはロバート・ライシュのいうような「シンボリック・アナリスト」的な性格をもつ労働に対する膨大な需要を生み出すものとなるだろう(5)。それは、グローバル資本に不可欠な技術開発、企業経営、知的資産の創造に従事する知的上層階層の労働者に焦点化した人材規定であり、同時に使い捨て可能な低賃金の人間労働を必要とする領域で大量の低賃金労働者を調達可能とする人材戦略を併せもつものとなるだろう。そしてそのような格差化された学力の形成が、今日の教育改革を貫く中心的な目的と化していく。

第六に、それは、グローバル資本の世界戦略に基づく労働能力要求であり、社会が必要とするバランスのとれた全体的な労働力配置と大きくずれたものとなるだろう。あるいは人々の生活の課題、さらに主権者的自覚の形成に必要とされる学力もまたそこからは排除され、軽視されていくだろう。この人材構想は、持続可能な地域をいかに作り出すかという課題に応える、価値が地域に循環する持続可能な社会、すべての住民の労働参加と生存権保障を可能とする地域社会を創造する構想への関心をもたない。そのため社会の存続と維持にとって欠かせない第一次産業、第二次産業、そして各種の公共的サービスを担う労働が、保持、供給されるような国や地域社会の構想、それに必要な連帯型、協同型社会を担える共感力や表現力、道徳性を育てる教育課題の必要などについての認識を欠いている。

第七に、したがって「知識基盤社会」理念は、特別優れたスーパー・マンパワーによってこそ強い社会が到来すると思わせ、衰退する地域を「離脱する」学力——かつての「村を捨てる学力」の現代版——こそ必要だと思わせる。この理念は、競争で富の獲得競争に勝利しないと豊かさは獲得できないというまさにグローバル資本の競争戦略に即して未来像を描く。普通の能力をもった人々が新しい協同を作り出すことで豊かさと安心の下に生きていける地域社会が可能だという展望を隠す。またこの理念は、知的競争で他者を打ち負かさなくても、普通の能力で人間的な労働生活を送り、社会の建設に共に参加できることを子どもや若者に示すことができず、文字どおりすべての子どもや若者がもっている知的力や社会への貢献の可能性に対して、社会の側からの熱い期待を向けることができない。格差・貧困社会を招いた大人の失敗と無責任を放置して、競争に勝てる能力のないものは社会の厄介者だというメッセージを送り、子どもの希望を奪う。

労働の知的な質の差と労働力構成（イメージ）

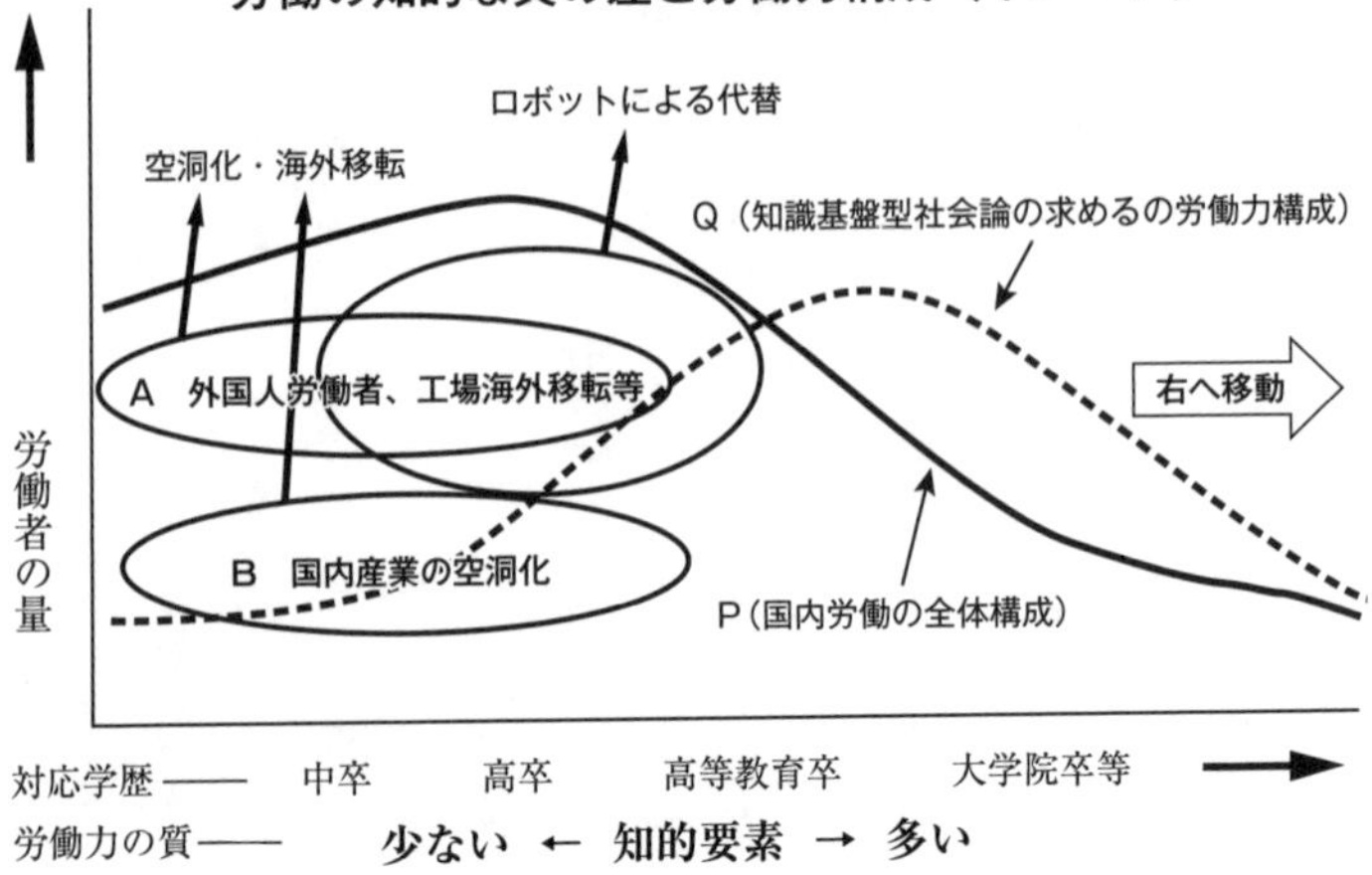

第八に、総括的に述べるならば、「知識基盤社会」とは、本来生存権保障と労働力の再生産という論理から、労働者の給与や社会的富の配分が決定されるべき――労働者に対する富の配分の社会的正義――ものを、資本による「知財」の独占がもたらす独占的利潤の獲得戦略を基準にして、「シンボリック・アナリスト」にのみ「豊かな」賃金配分を行い、「競争力」のない「労働（者）」に対しては低賃金で徹底的に搾取する資本のグローバルなサバイバル戦略と一体の社会像というべきものであろう。それは個々人を不安定な格差社会に放り込み、その帰結は個人の所有する知の質の格差に拠るものであり、自己責任として甘受すべきだという論理を伴うものである。

(3)「知識基盤社会」型における労働力構成のイメージ

以上の展開を前提にして、知識基盤社会型の労働力戦略を構図化すると上のようなものとなる。この図は、労働力構成の一般的傾向と「知識基盤社会」論の労働力構成のイメージを示すために、論理的な説明構図、概念図として描いたものである。

《構図についての補足的説明》

①横方向は、必要とされる労働の知的な質を普通のレベル（左側）から、次第に高度な知的な質をもつもの（右側）へと区分し、それに対応する労働力需要量を、縦軸方向で示したものである。

②国内で、基本的に経済活動が循環していると仮定したときの労働力需要をP線で表すとき、グローバル化のなかで、「国内産業の空洞化」、「低賃金外国人労働者の雇用」などにより左寄りから中央部分を中心に雇用が減少する。加えて、ロボット労働や人間労働の機械による作業への転換によって、人間の雇用が減少する。さらに、高度な知的労働への需要が産業構造の変化に伴って起こり、労働力需要は、全体としては、Q線で示されるようなものへと変化していく。

③この図はイメージ図として構図化したものである。北村洋基（『情報資本主義論』2003年、大月書店）は、半熟練労働と研究開発に従事する科学者の二つの労働階層に社会的平均労働（労働の知的な質の主要な階層）が分離し、そのため実態としては労働力構成はふたこぶ型の分布となることを指摘している。さらにまた、ロボットや人工知能の導入は、一定の知的作業を必要とする事務部門を中心に展開していくために、人間労働の知的な質から見た分布は、中間部分が縮小し、この点からもふたこぶ型が一層促進されていくという指摘もある（井上智洋『人工知能と経済の未来――2030年雇用大崩壊』文春新書、2016年）。

三　人間労働の未来と学力の意味

(1) 近未来社会において、人間労働は不必要になるのか

井上智洋氏の『AI時代の新・ベーシックインカム論』(光文社新書、2018年)、『人工知能と経済の未来――2030年雇用大崩壊』(文春新書、2016年)を読んだ。朝日新聞のインタビュー記事もあった。そこで彼は次のように展開する。

(2030年頃には人間と同じ振る舞いができるようになる「汎用AI」が普及し、大半の人の仕事がなくなる時代がやってくる。そこでは――引用者による補足)「仕事をして、十分な所得があるのは、1割ぐらいのスーパースター労働者だけになるのでは。『脱労働社会』ですね。スーパースター労働者と資本家がめっちゃ儲かるようになる社会です」。……「そんな社会にふさわしいのはベーシックインカム(BI)だと考えます。すべての人々に、最低限の生活費を一律に給付する制度です。[6]」

しかしはたして、そんなユートピア(or ディストピア)が本当に到来するのだろうか。この論理には、いくつもの飛躍があるように思われる。

第一に、人間労働が、資本に雇用されて利潤をもたらす限りで意味と利用価値があるという把握が前提になっているために、あと20～30年もすれば、ほとんどの労働が不要になるとしている点である。しかし、

①一方で、人口減少社会の進行で労働力不足が訪れるというもう一つの未来予測とどういう関係になるのかが検討されなければならない。②ＡＩで多くの人間労働が置き換え可能になれば、ＡＩで代替不可能な領域に労働をより豊かに配置できる。医療、介護、教育、各種のケア――これらの対人ケア労働は、人間の共同性の実現にとっても不可欠であり、より豊かに展開可能になるだろう。人格と人格の直接的な応答がその労働の主要な部分を占めるような場合、はたしてその労働をすべてＡＩに置き換えられるのだろうか。③また、農業労働は、それ自体が、地球環境の維持と持続にとって不可欠な営みである。また人間にとって、自然に働きかけ、そこからの喜びを直接にもたらすような性格をもつようになるだろう。そういう労働への要求がなくなるのだろうか。④人間の労働への意欲自体が消滅するのだろうか。人間にとって人間的な労働、創造的な労働が、根源的な要求であるとするならば、資本の利潤を生み出すための労働のみが維持されるというのではなく、豊かな富は、そういう人間にとって不可欠な労働の場を作り出すために配分され投資されるという新しい状況が生み出されるのではないか。

第二に、そういう労働が、人間にとって不可欠であるならば、ＡＩに置き換える必要などなくなるのではないか。しかし氏の把握では、資本は大きな利潤を獲得できる人間労働にしか用はなく、人間よりもロボットを使った方が利潤が上がるから人間労働はなくなるのだという。しかしそうだろうか。グローバル資本の利潤獲得戦略からみれば、利潤の多い領域にしか投資しないことになる。新自由主義の経済はまさにその方向で進んでいる。しかし巨大な富が生み出されている現代では、その富の一定部分を再配分して、あまり利潤が出ない分野の人間労働も可能にするという価値配分が可能になるのではないか。もちろんそのためには、主権者の要求による資本への統制、資本の利潤獲得戦略への「規制」が不可欠になろう。そのことで、ロボットを使うよりも利潤が低くなる人間労働も、社会計画として存続させることが可能となる。

第三に、ロボットは、固定資本であり、機械である。これが発達すれば、人間労働の生産性が高まり、人間が生きるに必要な使用価値は、より安価に、短時間で生産できる。生産性が向上して人間労働の必要が縮小すれば、労働時間を短縮し、なおかつ賃金配分は、豊かな生存権保障ができる水準に維持することが可能になる。しかしそのためには、労働時間短縮の闘いが不可欠である。資本の論理からすれば、ロボットの導入による人間労働の縮減を、労働者の労働時間は短くしないままで雇用者数削減として処理した方がよほど儲かる。この論理のなかでは、ロボットが人間労働を奪うという力学が現実になる。雇用の喪失は不可避の現象ではなく、資本の利潤獲得戦略が、雇用者数の削減を追求させる結果にほかならない。労働者の闘いがそれを転換、克服する力であろう。

第四に、井上は、ＡＩ社会では、資本家と一割ぐらいのスーパースター労働者のみが所得を独占するという。残りはすべて失業し、ベーシックインカムに依拠して生きるほかないとする。では一体、ベーシックインカムの莫大な財源はいったいどこからもたらされるのか。それは、基本的にはＡＩを駆使し、ロボットを大量「雇用」して利潤を稼ぎ出す資本から「収奪」し、再配分するほかない。そういう巨大な富をはたして資本（資本家）が、自分が雇用してもいない人間（国民）に分け与えるのだろうか。唯一、もはや資本が資本家の所有物ではなく、国民の共有物となる場合にのみそれは可能となるだろう。すなわち、資本の利潤獲得要求を自らの人格において目的として生きる資本の人格化としての資本家がいなくなるときにのみそれは可能となるだろう。しかしグローバル資本主義は、自動的に資本主義を超え出るなどということはありえないだろう。資本主義の克服という歴史的課題を、ＡＩの出現が自動的に達成するなどとするのは、まさにユートピアであろう。

第五に、基本的な問題は、科学技術の発展を、誰が、なんのために使い、応用するかという問題であり、社会の富をどう配分するかという問題である。資本の蓄積した巨大な富を、議会制民主主義に立つ国民主権の政治によって再収奪し、国民に再配分する機能が、新自由主義の下で機能不全に陥りつつある。資本の利潤の最大化のために、国家権力が、労働権や生存権の切り下げを行い、富を資本の側に移し替えつつある。これとどう闘うかという視点なしに、富の再配分によるベーシックインカムが可能になるとする楽観主義は、ユートピアを超えて、国民の認識を欺くものになるのではないか。またその視点からは、現代における長時間労働の廃止、労働時間短縮、不当で差別的な雇用制度の廃止、福祉の充実などの闘いこそが、資本と国民（勤労者）との価値配分をめぐる闘いであり、将来における生存権保障の福祉（その一環としての合理的なベーシックインカム）の可能性を高めるための闘いにほかならない。そしてそれこそが、近未来における雇用消滅のディストピアを招来させないためにいま不可欠になっている闘いにほかならない。その闘いを全く論じることなく、２０３０年には雇用大崩壊が起こるので、ベーシックインカムで対処すればよいという「提言」は、リアリティを欠く。いやそれ以上に、現在進行している、グローバル資本による社会の富のさらなる占有戦略を、あたかも自然史的過程であり、不可避であると容認するイデオロギーとして機能する可能性が大きい。

グローバル資本の世界戦略が、地球社会を破滅に導く可能性をもって展開しているなかで、もう一度、資本の歴史的性格を対象化し、かつてない巨大化した資本をどう人類が統御できるのかの難問に正面から立ち向かわなければ、人権、民主主義、平和、そして地球上の生命の持続が危うい時代の社会科学の責任を果たすことはできないだろう。

(2) 日本社会における労働の未来と労働力=学力の意味

次頁の図は、社会にどのように労働力が配置されていくのかを考えるための概念図である。この構図の説明をしておこう。社会に蓄積された富のうち、社会の持続と発展のために再投資される部分(資本及び国家財政としての公共的資金の一定の部分)が、どういう領域の労働(生産領域)に再投資されるかについての二つのタイプを示したものである。

[A]は、その社会にとって必要な労働の領域の全体に対して配分されるタイプである。その際[必要な労働の領域]は、利潤率が高い領域だけではなく、利潤が少なくても社会と自然の維持と持続的発展に必要な領域が位置づけられており、また、労働者の背負っている障がいなどによって生産効率があがらないなどのために十分な利潤がえられない領域(その意味で資本から見れば赤字経営になる領域)であっても、人間の労働を実現する(雇用を保障する)という目的にそって富が配分され、そこでの労働が維持される領域を含んでいる。また人が居住する地域で、そのすべてに価値が循環し人々の生活を成り立たせることができるための投資(配分)が計画される。

[B]は、グローバル資本が、世界競争に勝ち抜くための戦略に沿って、自己の資本に止まらず、国家的な富をもそのために動員し、この利潤の高いグローバルな経済循環に組み込まれない領域や地域、部門への投資(配分)を撤退させようとするタイプである。そのような投資であっても、グローバルなレベル

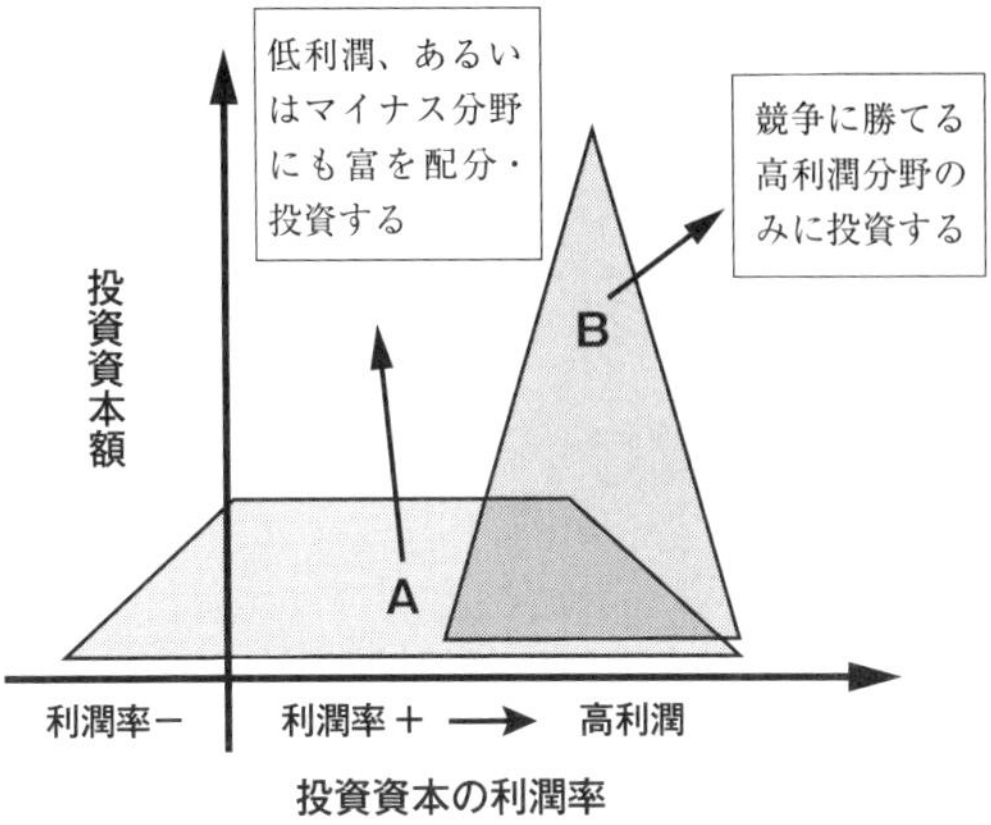

A⇒国民主権の政治による社会持続のための投資配分
B⇒グローバル資本の投資戦略

での経済循環を回転させることは——多くの地域をその循環から排除し、崩壊をもたらしつつ——可能となる。

いうまでもなく、私たちのめざす社会と経済は、［A］のタイプの社会でなければならないだろう。そのためには、［B］タイプの利潤に対しては、特別な課税などによって、その利潤の一定部分を、［A］タイプの投資へと、再配分していくようなグローバル企業に対する規制が不可欠となるだろう。そしてそれを可能にする国民主権の政治、さらにそれらの国家政策の国際的な連帯が不可欠になるだろう。A型の社会構想の基盤においてこそ、すべての人間の労働力が、社会から価値あるものと評価され、労働を権利として保障されることが可能になる。そのことが、学び成長する世代の個々人の学力のすべてをかけがえのないものとして期待し、励ますことができる教育の世界を可能にするのではないか。*

＊　新自由主義の地域戦略は、この論理に全く敵対するものとなっている。新自由主義政策とグローバル資本

は、世界経済競争拠点として選ばれた地域や産業にのみ投資するという戦略に沿って、「無駄な」地域や国内に経済循環が成立しなくてもよいという選択を行う。したがって、労働は、世界競争拠点領域にのみ投入され、その経済循環からはずされた地域の循環経済も無駄なものとして切り捨てようとする。さらに日本の人口を、経済活動拠点をどう作り出すかの戦略に沿って考えるために、過疎化地域を切り捨て、中核都市に人口を集め、高層住宅開発などによって住宅バブル、土地バブルを引き起こしつつある。地方の衰退で自治体財政の困難が進むなかで、財政構造改革を押しつけ、自治体による地場産業への支援、公共的な福祉や教育等々が一挙に縮小され、あるいは民営化されたりしていく。そういうなかで、地域に見通しをもてなくなり、子どもたちも中央やグローバル企業にしか将来の労働や活動の場を見いだせなくなり、地域に根ざして生きていく見通しが奪われ、現代版「村を捨てる学力」を競い合う学力テスト競争へと走らされていく。そして膨大な資本が、リニア新幹線や、東京オリンピックや、大阪万博や、都市の巨大開発等々に注がれ、都市開発バブル、オリンピックバブルなどが次々に仕組まれていく。その膨大な利益はグローバル資本に集積され、賃金は低下し、格差貧困が進行し、日本経済の大きな危機が進行していく。これらの全体を見るとき、新自由主義戦略の中核に、日本の人口と国土のかつてないリストラ的再編成が、未来への取り返しのつかない生活破壊を伴って強引に推進されていることが見えてくる。その意味で、地域をどう人間が安心して生き、働き、住民の共同が支えられ、経済が循環し、希望が生み出される場に回復するかという方向と、新自由主義の地域破壊、人口再配置戦略、労働力政策、グローバル経済戦略とは真っ向から対立し、そこに未来を分ける重要な争点が生み出されている。

四　学力論と「知識基盤社会論」
――まとめとして――

本章は、問題の課題性を提示し、その課題性に対して、それを解明していく仮説的な枠組みを提示することを目的とした。その点では問題提起に止まる性格をもつ。いくつか提示した「仮説」的な説明にしても、私自身にとってそれはとりあえずの仮説であり、検討が進むなかで、組み替えが必要になる可能性を含んでいる。にもかかわらず、「知識基盤社会」論に対しては、一定の批判的視点、その論点を提示するものだと考えている。あらためて、本論で提示した論点を整理しておきたい。

第一に、「知識基盤社会」は、単に技術の高度な発展段階が必然的に生み出すものではなく、グローバルな段階に達した資本の利潤獲得戦略において、知・技術の開発と独占が特別な意味をもつことによって生まれる、知のグローバル資本主義段階における管理と支配、開発の特徴を表す概念として使用すべきである。

第二に、「知識基盤社会」論が打ち出す労働力の未来像は、グローバル資本の利潤獲得戦略によって選び取られた経済構想に即したものであり、それは決して不可避でも、自然史的必然でもない。それは世界に格差、貧困を生み出し、リストラや失業を生み出し、地域の切り捨てなどの矛盾を引き起こしつつ展開するグローバル資本の戦略の一環である。それは、国民国家単位の国民主権の政治によって資本の活動を規制してきた政治システムの解体と無力化を伴っている。それに対抗するためには、国民国家を制約する

「方法論的ナショナリズム」[7]を克服し、グローバル資本の利潤戦略を規制する国民主権政治と市民のグローバルな共闘を生み出す歴史的課題に挑戦しなければならない。

第三に、将来的に人間労働の生産性が、科学技術やロボット技術などの発展により、高度化し、社会的に必要な人間労働の量が一般生産や各種サービス労働領域で大きく縮小するという未来像を考えるにしても、今私たちが具体的に見通し計画可能な未来の範囲――資本主義の近未来像――においては、各種の福祉やケア労働、対人サービス、教育や文化領域の労働、研究開発労働、自治体公務労働などがより豊かに必要となり――その意味では産業構造の大きな変化は不可避であるが――、社会的に必要とされる労働を労働時間の短縮によって全労働者に配分していくならば、労働がなくなるというディストピアは、リアリティのないものとなるだろう。なお補足すれば、その先の未来における必要労働のさらなる縮小という可能性については、資本の利潤獲得を経済の推進力とする仕組み（資本主義）とは異なった経済的仕組みを土台として、利潤の獲得、労働力の再生産の「必要」に縛られない、より自由な人間の労働――労働それ自身が人間の要求であるような――が可能になる未来として、探究されていくだろう。

第四に、知識基盤社会論は、知識や技術、ＡＩ技術の発展が、経済的価値生産の新たな論理――労働価値説を「超える」新たな価値論とそれにもとづいた経済生産制度――を対置する可能性をもち、イデオロギー的にはほとんどそういうイメージを振りまいている。しかしもしその主張を展開するのであれば、この論点を科学的に論証する責任を負っている。リカード、アダム・スミス、そしてマルクスによって完成されていった労働価値説は、社会の富の配分を人間労働と関連づけ、一人ひとりの労働者への富の配分を権利論的に構成するものであった。それは人間労働の生み出す交換価値を媒介とした分業、市場経済の土台にある経済学の基本概念として構築されてきたものであった。もし人間労働ではなく機械技術体系が価値を独自に生み出すのであれば、労働を根拠に労働者が賃金を要求するという権利の土台が奪われる事態を引き起こす。労働ではなく、高い知こそが「価値」（剰余価値）を生み出すとする「知識基盤社会」論の言説は、そこに一歩進み出ようとしているかにみえる。この批判的検討が、重要かつ不可欠の課題となる。*

＊　労働価値説の上では、知識や技術が資本に利潤をもたらすことは、どのように説明されてきたのだろうか。いくつかの論点のみ提示しておこう。

①それは第一に、生産の技術体系の発展によって、相対的剰余価値が増大すること、第二に、労働者の労働能力がその知と技術の高度化によって高まり、生産力が高まることによって（それもまた相対的剰余価値の増大を意味する）、第三に、個別資本の視点からすれば、他の資本の生産力水準を知や技術の開発によって上回るならば、特別剰余価値が獲得される、第四に、他の資本よりも高度な生産技術による優れた安い商品を生産するならば、市場競争において圧倒的な有利さを得て勝利することができ、他の資本を上回る利潤を獲得できる――市場がグローバル化するなかで、その有利さは格段のものとなる――、などの論理で説明されてきた。

②しかし、加えて、知・情報それ自体が「商品」として売られ、買われ、消費される事態が生まれる。情報やデータ商品は、コンピュータ上でワン・クリックで無限に再生産されうる。大量にコピーされるとき、情報商品はその開発費を別にすれば、限りなく生産費がゼロに近づく。本来、知は共有可能なものであり、知が公開されれば無料で入手可能となる。しかしその知を特許等で私的に独占し、その使用料を知的「商品」の価格

とすれば、生産労働なくして（ワン・クリックで）商品が無限に増産され、その代金が、資本の利潤として蓄積されていく。この事態をどう見るか。それはおそらく特許をどう把握するかに関わっている。知の開発に必要な投資額を回収するための「特許」と考えるか、知の独占による無限大にまで及びうる「使用料」をもたらすものと把握するかである。前者であるならば、労働価値説によって知の価値を説明することができる。そして知の使用料は、その投資に見合う価値を回収し終わった段階で、無料化（共有知としての本来の姿）へ戻されることとなる。しかし現実の企業戦略は、後者を追求するだろう。そのとき、「独占知」は、無限の利潤をもたらす姿において、把握されるだろう。労働ではなく、知こそが価値を生み出すのだと。われわれはどちらの認識（ものごとの本質の把握の仕方）を選択すべきなのだろうか。

③知が価値を生み出すという論理の典型は、資本が人間労働なしに、知と技術の結晶としてのＡＩとロボット（機械）で商品を生産し、市場で利潤を回収し続け富を蓄積し続けるという未来像である。しかしそれは、生産手段をもたない労働者に対して、その富を配分するための賃金支払いを欠いたものとなり、商品を購入する所得がゼロに近づくことを意味する。そうなれば、経済が循環せず、労働者の失業、生存権喪失、経済崩壊のディストピアが到来する。ロボットは、固定資本で買われる生産手段としての機械――たとえ人間の頭脳機能の一部分を代替するとしても――そのものである。本来、機械が高度化すれば、人間労働の生産性は高まり、より短い時間で必要商品を生産できる。必要労働時間が縮小すれば、労働者はより短い時間働けばよくなり、自由時間が拡大する。それこそまっとうな意味での未来への希望である。ところが生産力の高まりを労働時間の短縮に結びつけず、雇用者数を減らして（可変資本の縮小）利潤を増大させようとすると、ロボットの「労働」（正確には機械の作業）に雇用が奪われ、失業が増大する。長時間労働――その多くが不払いである――を

廃すれば数百万人の雇用が生み出されるという今日の日本の現実と類似の問題である。

④そもそも人間労働がなくなった純粋機械化経済が展開するという未来像は、今日においてはターゲットとならないであろう。本文でも検討しているように、私たちが構想しなければならない未来社会像は、人間の労働時間を短縮し、自由時間を増大させること、そして必要な（残された、あるいは新たに必要とされる）人間労働をすべての人間に配分し、その労働によって豊かな生活ができるように、労働の場と富を配分していく優れた経済と社会のシステムを生み出していくものであろう。そしてそのような探究の先に、より自由な人間の労働――労働それ自身が人間の要求であるような――が可能になる未来が、資本主義を超える経済制度を土台として探究されていくだろう。

これらの論点をあらためて確認した上で、最後に、この問題と学力論がいかなる関連をもっているかについて、箇条書き的に、そして課題論的に提示しておこう。

第一に、現代の学力論は、はたして人間労働がいかなる変容を遂げていくのか、それに関わって、その知的なレベルが、その労働の獲得（雇用への参入）と価値の配分（賃金のありよう）にいかなる変容を及ぼしていくのか、という問題と切り離せなくなっている。そして現状では、グローバル経済の要請に沿った学力政策が、財界や政府の側から、雇用格差の拡大の正当化、学力競争に勝ち抜かなければ人間として生きる希望をつかむことができないという「恫喝」の論理を伴い、「知識基盤社会」という経済構造の未来像を伴って、強力に推進されている。この事態を批判し、対抗的な労働の未来像、そしてそれに対応する学力のあり方を提示しなければならない。

第二に、そのようなオルターナティブな学力イメージは、ある意味で、学力のなかに、労働能力を大きな柱として位置づけることを必要としている。労働の場から要請される能力という学力・能力の社会的規定性は、それ自体として拒否すべきものではない。課題は、現代の労働の矛盾――資本主義経済がもたらす労働の矛盾、とりわけグローバルな新自由主義下の労働の背負わされた矛盾――に対抗して、本来あるべき労働のあり方を踏まえて、教育の場における労働能力の形成を遂行しなければならない。

第三に、しかし現実はなかなか困難に満ちている。雇用格差、雇用縮小の不安、知的な高度な質を求める恫喝、学力獲得は自己責任だというメッセージ、多くの子どもの勉強嫌いや学力獲得への絶望……。その困難に対して、だからこそ学力を高めるための教育をという対応だけで、よいのだろうか。もちろん、個々の子どもの学力回復は、教育にとっての根本的責務であるといってよい。にもかかわらず、それだけでは未来が見えない。その壁に対しては、実は、人間の労働能力が――すべての子どものもつ能力・学力が――、その学力到達度にかかわらず、すべて重要で、貴重な働き――社会的な貢献、社会の共同を支える作用――を担うことができ、かけがえのないものであるということを、子どもたちに伝えることはできないのだろうか。いやそこに止まらず、経済においてもそういう労働の価値――すべての人間の労働の価値――が実現されるような仕組みを生み出すことはできないのだろうか。教師が、すべての子どもの人間としての尊厳の実現を願うならば、労働の場においてもすべての子どもの労働が、労働を遂行していく力としての能力・学力が、かけがえのないものであり、人間の尊厳を支えるものとして機能することを求めるのではないだろうか。学力論をそのところにまでつなげることが必要ではないか。

第四に、そのように考えたとき、実は、今日の経済が到達した人類史上最高の生産性、膨大な富の蓄積は、そういう学力論と、経済的生産の仕組みとをつなげることが可能な物的条件をほとんど実現しているのではないかという、新たな可能性に思い至る。そしてその可能性を実証していく営み、教育の仕事、新たな挑戦は、何か全く新しい計画を必要とするものなのではなく、いま私たちが直面している諸課題――雇用格差の拡大や低賃金雇用の克服、雇用における男女差別の克服、労働時間の短縮、最低賃金水準の飛躍的向上、地域の雇用破壊と衰退の逆転、膨大な企業利益の社会的再配分の実現、等々――のなかに、そのより発展した展開のなかに、現実的なもの、より明確な姿をもつ構想として、切り拓かれていくのではないだろうか。いまそのような視野をもつことなくして、すべての子どもの能力・学力のかけがえのなさ、その愛しさをとらえることはできないのではないか。

【注】

(1) 内閣府ホームページ [https://www8.cao.go.jp/cstp/society5_0/index.html]。

(2) 友寄英隆「安倍内閣と財界の『Society5.0』の空疎な中味」『前衛』2019年2月号。

(3) 2013年度の企業の開発への減税総額6240億円に上り、1位はトヨタ自動車で、総額の約2割に及ぶ1201億円であったことが報告されている。2013～2015年度の3年間では合計で3225億円に上っている。「しんぶん赤旗」2015年3月8日付、2017年2月24日付による。

(4) 本田由紀『多元化する「能力」と日本社会――ハイパー・メリトクラシー化のなかで』(NTT出版、2005年)。

(5) ロバート・B・ライシュ／中谷巌訳『The Work of Nations――知識資本主義のイメージ』(ダイヤモンド社、1991年)。

（6）井上智洋「2030年　人の仕事が消えていく」「朝日新聞」2018年8月14日付。

（7）ウルリッヒ・ベックは、国民国家の解体と新自由主義による世界政治の展開を視野において、グローバル資本に対する民主的・民衆的なコントロールの可能性を、その著書『ナショナリズムの超克――グローバル時代の世界政治経済学』（島村賢一訳、NTT出版、2008年）において、探究しようとした。その際にベックが最も重視するのは、現実の国家がもつ「方法論的ナショナリズム」の克服である。「方法論的ナショナリズム」とは「政治の実践と政治学における社会と政治についての国民国家を中心とした理解」を指し、それは国民国家による世界支配を可能にしてきたものであり、「人類が苦しんでいる大きな不平等が、国家の権威と国家というものに固着した社会科学との暗黙の共犯関係の中で組織された無関心によって、どれほど安定的に『正統化』されているのかを考えると、驚くべきことである」（44頁）、と述べ、もし国家が「方法論的ナショナリズム」に閉じこめられるならば――「ナショナルなものの罠」（112頁）にはまるならば――、国家と世界経済との対抗は、世界経済のメタ権力（新自由主義の世界政治）の勝利につながるとする。そして「国家の現実の権力は自己封鎖、つまり新自由主義とナショナリズムによって麻痺させられている」と見る。しかし「国家と政府が二つの自己封鎖を破る」とき、「国家を超えた新たな権力とコントロールの可能性を切りひらく」（114頁）とする。ベックは、グローバル時代において、世界経済のメタ権力に対抗する新しい国家のあり方は、国民国家を「方法論的ナショナリズム」と決別させ、「方法論的コスモポリタン主義」に立つ国家へと改造しなければならないと提起する。

第7章　学力と道徳性、主権者性
――新自由主義と政治教育の関係を考える――

本章の課題は、主権者教育と道徳教育の内的な関連、そしてそれらが人間の学力と不可分に結合していることを明らかにすることである。それは、現代における道徳性とは何かを再定義し、現代の新自由主義社会を変革する主体に求められる道徳性とシティズンシップの形成を、学校教育に取り戻す方法を考えることである。

最初に問題関心を述べておきたい。道徳性の形成において、人々の行動規範を規定するものがどのようなものであるのかをあらためて考えたい。それは単に教育の課題である前に、人類が、長期にわたって政治の営みによって探究してきた社会的正義と不可分のものであるということを無視してはならないだろう。基本的人権の尊重、平等、平和、等々――これらの価値は、社会の規範として、政治の仕組みを介して合意されてきたものであると同時に、個々人の生き方にとっての内的規範であり、倫理的正義として、人々の行動を、そして人間が共同するための方法となってきたのではなかったか。そして今日においても、これらの価値は依然として政治によって追求すべき最大の課題となっている。とすれば、主権者としての営みの核心に、これらの社会的な正義の探究という目的が位置づいているといわなければならない*。道徳性の探究は、その意味において、政治的主権者性の育成にとって、不可分の課題となる。にもかかわらず、日本の政府が推奨する道徳教育は、そのような道徳性の価値の継承を意図的に排除したものとして展開されようとしている。その意図的な歪曲に対する批判の上に、私たちの道徳性の教育の構想を提示しなければならない。

＊ クリストファー・ボーム／斉藤隆央訳『モラルの起源――道徳、良心、利他行動はどのように深化したのか』（白揚社、2014年）は政治と道徳性の関係についての興味ある論理を提供している。ボームの把握の基本は、人間がその労働において共同的存在であるという人類史理解にある。彼は、「利他性」はその共同性を実現するために必然的に選び出された規範として発見されたものであったととらえる。人類は、労働において共同しなければ生きられない存在として、ひとりでは生きられないという脆弱性を克服するために、その共同性の方法を発展させてきたと見ることができる。その把握においては、労働、共同性、脆弱性が統一的に把握されている。しかし、人類の道徳性獲得の第一段階において、共同性の方法として狩猟時代に発見されてきたある意味での素朴な民主主義は、農業の発展とともに、階級的支配による共同性の組織化とその共同性の搾取へと転換する。これは人類の道徳性の第二段階というべきものとなり、道徳性は支配秩序を維持する規範へと転換するとともに、民衆による共同性の新たな発見としての政治（たたかい）からは切り離される。政治（支配する方法）と道徳（支配される民衆の遵守すべき規範）とは切り離されていく。市民革命は、それをもう一度転換する。民主主義の理念は政治を民衆に取り戻すとともに、民主主義こそが共同を作り出す方法となり、人々の共同の規範（その意味で道徳的規範）として把握され、政治と道徳とが再統一される。その意味では、人類の

共同性の方法は、第一段階において、狩猟（労働）における共同性が導き出す「利他性」を含む素朴な民主主義による共同、第二段階の富の蓄積と権力の発生段階における国家の権力の形成による共同性の組織化と支配、第三段階においては、市民革命による基本的人権実現の方法としての民主主義による共同性の実現へと展開してきたと見ることができる。その発展は、どのような共同性の方法が望ましいのか――その意味における社会的正義の探究――をめぐる政治的闘争を介して実現されてきた。そしてその意味において、人類の道徳性は、この政治の営み（政治のたたかい）を通して、発展してきたといってよい。そのことはまた、社会的正義としての道徳規範のあり方は、今日においても政治において中心問題として論議され、どのような社会のあり方を作り出すのかをめぐって争われているということを意味する。そしてその今日的な到達点は、憲法的規範として合意されてきたと言うことができる。しかし現実の教科「道徳」は、この現代政治の到達点としての社会的正義をどう発展させるのかということを視野におかず、もっぱら個人の内面の規範の問題として扱おうとしている。しかし社会の側に組み込まれている社会規範を批判的に吟味する視角をもたなければ、道徳教育は現実社会の矛盾や差別や歴史的課題などをとらえることはできなくなるだろう。

一　議会制民主主義による主権政治と経済世界の関係の展開構図
――経済に審級された「統治技術」としての政治＝新自由主義の政治への転換――

市民革命は人類が生きるための二つの基本方法を発明した。一つは資本主義という経済的生産様式（方法）であり、もう一つは議会制民主主義による国民主権の政治という方法である。そして主権政治の側からの経済世界への「不干渉」を根拠づけたのが、アダム・スミスの「見えざる手」の論理であった。政治は、市場のメカニズムによって展開する経済の論理を認識することは不可能であり、したがって、政治は、経済世界に対しては市場の自由を保障する役割をのみもつものであり、決して経済法則そのものへの干渉をしてはならない（レッセ・フェール）というものであった。しかしそういう関係が実際に進展した結果、イギリス産業革命の展開の下で、労働者階級は悲惨な状態におかれた。その結果、実際の国民主権の政治は、資本の論理に干渉するようになり、「8時間労働制」「最低賃金保障」「児童労働の禁止」「不法な解雇の禁止」「失業保障」「企業への課税」等々を行うようになった。これは明確に経済の法則＝市場の価値法則の根幹への干渉、「見えざる手」への干渉であった。この論理は、社会民主主義の政治思想、福祉国家の基本理念として発展していった。(1) この論理が強化されることによって、資本主義という強力な経済システムが生み出す豊かな富の一部は、国家によって強制的に資本から徴収された国家財政となり、人権、平等、生活維持、福祉、平和などの推進のために、社会と国民に再配分されていった。第二次世界大戦後、ヨーロッパ先進諸国では、このような構造が国家に強く組み込まれ、多くの国が福祉国家として機能していった。日本は、厳密な意味では福祉国家ではなかったが、日本型雇用制度を介して全体としては豊かさが社会に配分されていった。

しかし80年代に入り、経済のグローバル化の下で、企業が世界から有利な条件を調達、結合して世界競争を展開するようになった。そして国民国家で達成されてきた企業への規制が一挙に切り下げられることになった。新自由主義国家とは、巨大なグローバル資本の意思を汲んで、労働権や生存権の水準を切り下げ、グローバル資本の世界競争に有利な経済と社会の仕組み——新たなる企業活動の国家規制からの自由と国家による支援――を実施することを自らの使命とする政治権力をもった国家のことに他ならない。その下で、従来の国民主権の政治が後退し、企業活動の自由を保障し、資本に多くの富を集積できるようにする新たな政策が展開しつつある。

フーコーの新自由主義把握の重要な特徴は、経済による政治の監視、政治に対する経済の審級へと政治の性格が反転するととらえることにある[2]（以下、この節のカッコ内の数字は、ミシェル・フーコー／槙改康之訳『生政治の誕生』〔筑摩書房、２００８年〕の頁数を指す）。「市場が一つの真理のようなものを明らかにすべきものとな」り（40頁）、「真理陳述の審級としての市場が構成され」（42頁）、国家統治、国家政策は、経済学（政治経済学）から監視され、国家としての正統性を審級されていくととらえる。その政治経済学の規範によって、社会契約に基づく主権政治とは異質の、経済（市場）によって審級された政治、市場の要請にしたがって国民を統治する「統治技術」としての政治が出現するととらえる。そしてこの政治経済学はフリードリヒ・ハイエクやミルトン・フリードマン等によって発展させられ、練り上げられ、今日の新自由主義の政治経済学として世界を改造することになったとする[3]。

そこでは、「市場の原理が交換から競争へとずらされる」（145頁）。そして「競争」は、作り出さなければならないもの、「原始的で自然的な所与では全くないもの」（164頁）であり、「諸々の形式的属性を備えた一つの構造」（164頁）として「競争の形式的構造が作用可能となるような具体的な現実空間を実際に整備すること」（164頁）が新自由主義政治の任務となる（「積極的自由主義」、165頁）。その結果、新自由主義的統治の基本理念は「競争」であり、そのための「独占の放置」「失業の放置」「不平等の必要」「所得移転型福祉の禁止」「社会政策の個人化」「民営化」等々が展開していく[4]。その結果、「伝統的には経済的ならざるものであった社会的行動様式を経済学的観点から解読しようという試みが」(303頁)展開し、人々の健康、人口に及ぶ人間の「生」のすべてが新自由主義的統治の対象となる。それが「生政治」である。

「新自由主義者たちのこうした分析の使用において興味深い第二の点、それは経済学的格子によって、統治行動をテストすることが可能になるということです。経済学的格子によって、統治行動の有効性を評価すること、公権力の活動における濫用、過剰、無用性、過多な浪費に対して反対することが可能とならなければならないということ」(303頁)。「古典的自由主義においては、統治に対し、市場の形式を尊重して自由放任することが要求されていました。……(しかし)ここでは……自由放任が、統治の非自由放任へと反転させられています。……一九世紀が、統治行動のいきすぎを前にしてそれに対抗するために一種の行政的裁判機関を打ち立てようとしていたのに対し、ここには、厳密に経済と市場の観点から統治の行動を評価すると主張する経済的法廷があるということです。」(304頁)

「生政治」は人々の「生」をも、「経済的合理性」から審級し、資本の経済にとって最も望ましい方向へと向かわせ、人々を市場的競争世界にむけて「主体化」するための「環境介入権力[5]」として展開する。

二 「人的資本論」とホモ・エコノミクス

新自由主義の経済的規範から人間を再規定するとき、人々は、「ホモ・エコノミクス」(経済人)として把握される。しかし本来の社会と国家権力の担い手――国民主権の主体――として行動する行動規範は、「ホモ・ポリティクス」（政治人・主権者）の規範である。だから新自由主義は、その社会の力学において、人々を政治主体の位置から追い出し、市場の規範にしたがって行動するホモ・エコノミクスへと改造する。

フーコーの新自由主義批判を継承しつつ、一定の批判を含んでホモ・エコノミクスとホモ・ポリティクスの対抗の様相を展開したウェンディ・ブラウンは、人間のホモ・エコノミクス化がもたらすものについて次のようにとらえる（この節および次節でのカッコ内の数字は、ウェンディ・ブラウン／中井亜佐子訳『いかにして民主主義は失われていくのか』〔みすず書房、２０１７年〕の頁数を指す）。

第一に、人的資本であるということは、自分自身にとって自分が人的資本になるということに止まらず、「企業、国家、あるいは自分たちが所属するポストナショナルな集団（たとえばＥＵ――引用者注）にとっても人的資本」（34頁）となる。すなわち、役に立つかどうかで、その個人が評価されるという関係に置かれる。すべての「人的資本」（個人）に価値があるとは認定されなくなる。その結果、役に立たない人間は、「（政治による）社会契約的な約束」によって救済されるということがなくなり、失業や窮乏などの「極度の損失可能状態《エクスポージャー》を甘受」（246頁）させられることになる。

第二に、「平等ではなく、不平等が、競争する資本の手段であり関係性である」（36頁）。その結果、「こうして平等は、新自由主義化された民主主義にとっては先験的《ア・プリオリ》なもの、あるいは原理ではなくな」り、「不平等が標準《ノーマル》となり、規範的《ノーマティブ》」になり、「勝者と敗者の存在を特徴と」（36頁）するようになる。

第三に「（人間それ自体も――引用者注）すべてが資本となるとき、労働はカテゴリーとして消滅し、その集合的な形態である階級もまた消滅して、疎外、搾取、労働者間の連帯を分析する基盤もなくなってしまう。同時に崩壊するのは、労働組合、消費者団体、資本どうしのカルテルを除くその他の経済的連帯の理論的根拠そのものである」(36頁)。

第四に、「ホモ・エコノミクスしかいなくなったとき、そして政治的なものの領域そのものが経済用語で表わされるようになったとき、公共物や公共善にかかわる市民性《シティズンシップ》の基盤が消失してしまう。……公共財へのかかわりとして定義される市民性《シティズンシップ》が、市民をホモ・エコノミクスに還元する市民性《シティズンシップ》に取ってかわられることによって、集合的な政治的主権を主張する人民、すなわちデモスという概念そのものも消滅する」(37頁)。「新自由主義が生み出す政治的状況とは、民主主義的公衆と、そうした公衆が最善の場合に表わすすべてのもの、すなわち知識に裏づけられた情熱、他者に敬意を表す熟慮、意欲的な主権、公衆を抑えつけたり傷つけたりする権力をしっかり抑制すること、といったものを支える民主主義的制度が不在であるような状況なのである」(38頁)。

第五に、「国家の正統性と任務がもっぱら経済成長、グローバルな競争力、高い信用格付けの維持に結びつけられるようになるとき、自由民主主義的正義への関心は後退していく。経済は国家、そしてヨーロッパ連合のようなポストナショナルな集団の組織および規制の原理となる」(38頁)。「ホモ・ポリティクス、すなわち自分自身を統治しデモスの一員として統治する生き物が完全に克服されてしまったため、自己をいかにつくりだすか、人生においてどんな道を進むかといった開かれた問いは、もはや存在しなくなった」(40頁)。「自由と平等の領域と意味が政治から経済へと測定されなおすとき、政治権力はそれらの敵、それら双方への干渉として形象化されるようになる。政治的なものにたいするこのあからさまな敵意は、次には、近代の自由民主主義国家が包摂、平等、自由を人民主権の諸次元として保証するという契約を切り捨ててしまった――（「自由民主主義的な社会契約は反転されつつある」35頁）」（41頁）。「それぞれの用語が経済に配置換えされ、経済用語に焼き直されたので、包摂は競争へ、平等は不平等へ、自由は規制緩和された市場へと反転し、人民主権はどこにもなくなった」（41頁）。

第六に（補足すれば）、「そのあらたに経済化された形態において、新自由主義国家は人的資本を開発し再生産する経費を可能なかぎり削減しようとする。こうして、新自由主義国家は公共の高等教育を個人が借金で賄う教育に置き換え、社会保障を個人の貯蓄と際限なく続く雇用に置き換え、あらゆる種類の公共サービスを個人が購入するサービスに置き換え、公共の研究と知識を私企業がスポンサーとなる研究に置き換え、公共のインフラに使用料を課す。こうしたことそれぞれが不平等を強化し、新自由主義化された主体は以前なら誰でも共通に支給されていたものを個人で手に入れるよう要求され、主体の自由はさらに制限される」（41頁）。

ここに論理的に導出されたホモ・エコノミクスの行動様式、強制される生き方の様式は、日本の今日において競争世界でのサバイバルを強いられる人々の行動様式を正確に言い当てているではないか。それは、新自由主義が、人々が国民主権の政治の主体として生きる規範を日々剥奪する仕組みとして機能しているということを意味する。多くの若者たちが、競争と自己責任、雇用における格差・貧困に曝されるなかで、「ホモ・ポリティクス」の価値と方法に依拠して生きることを断念し、あるいはそのようなものはそもそも自己をエンパワーする力ととらえることはできず、したがって「政治参加」に希望を抱いていない、という事態が、そこから見えてくる。

あらめて、「ホモ・エコノミクス」の生き方に貫かれる規範と、「ホモ・ポリティクス」としての生き方に貫かれる規範との違いを整理しておこう。

「ホモ・エコノミクス」は、競争的な経済的市場の論理の中で、その市場的価値を高めることによって自己を実現しようとする。経済的競争にサバイバルし、勝ち抜くことをとおして、自己の価値、自己の生存、自己の希望をつかみ取ろうとする。自分にどれだけの価値が配分されるかは、自分の労働、自分の労働能力によって決定されると考え、そのために、全力を挙げて、自己の私的な資産を注ぎ込み、自己の労働力資本の価値を高めようとする。ホモ・エコノミクスが生きようとする市場的な競争空間には、競争参加の平等は形式的に保障されうるとしても、結果は自己責任とされ、生存権もたしかなものとして保障する権利論は存在しない。資本の自由、市場競争の自由の論理が正義とされ、それを規制する何らかの外的な力を働かせることは、経済的正義に反することとされる。したがってその競争空間で、他者は競争者であり、市場の論理に対抗する協同を結ぶ者としてとらえることは困難となる。この競争空間では自らが、市場の方法とは異なる規範にしたがって、この市場競争の論理に対抗する政治の主権者、すなわち「ホモ・ポリティクス」としての規範を行使することが権利であり、また可能であるという認識、その方法への実感もまた失われていく。したがって、社会の計画、社会のさまざまな問題についての計画と決定は、資本の意思に主導されて行われていくものであるとの感覚が強まる。その結果、現実の社会が、市場の論理とは異なる、ホモ・ポリティクスとしての政治の方法に拠って獲得されてきた社会規範、社会正義としての規範を組み込んで成り立っていることについての自覚もまた、後退していく。それは結局、資本によって形成された現在の経済的競争システムを絶対的なものとして受容することの上に、自己のより豊かな生き方、価値の配分を市場競争に勝ち抜くことで獲得しようとする方法となる。フーコーのいう「生政治」とは、まさにこのような「ホモ・エコノミクス」として生きることを強制する規範を、人間の生きる「環境」のすべてに張り巡らせる統治技術としての政治を指すものである。

「ホモ・ポリティクス」は、経済の論理を超えて、あるいは経済の論理の支配性、搾取性に対抗して、人間の存在の価値、自分たちの要求や願いを実現するために、その社会の統治の仕組み、権力の構造、政治の仕組みそれ自体に対して働きかけ、批判し、それを改革・変革することを通して、自己の存在を価値あるものとして実現しようとする主体を意味する。歴史的な政治変革の主体は、その意味において「ホモ・ポリティクス」によって担われてきたということができる。政治的主権者として展開する人間の力は、まさにこの「ホモ・ポリティクス」の力である。権利という概念の発見、その権利を組み込んだ社会システムの構築もまた「ホモ・ポリティクス」の力によって達成されてきたものである。そして主権者としての意思によって決定された「規範」（たとえば8時間労働制などの資本への規制政策など）を経済世界に「規制」として及ぼしたのも、この「ホモ・ポリティクス」の力であったということができる。そして市民革命という政治の大きな転換を経て、政治は、基本的人権の保障という規範を土台にするものへと合意されていった。さらにその人権概念は、所有の自由を土台とした「自由権」から、すべての人間の命、個人の尊厳、生存、平等を権利として、社会がそれを保障すべきものとする社会権にまで発展させてきた。人類は、政治という方法に拠って、すなわち「ホモ・ポリティクス」の行動規範に立つことにおいて、現代を基本的人権を保障しあう社会として形成し、維持し、発展させていく歴史的な高みに到達したのである。

三　ホモ・ポリティクスの奪回に向けて

フーコーの『生政治の誕生』を批判的に読み解こうとしたウェンディ・ブラウンは、人間のホモ・エコノミクス化に対して、本来の政治（ホモ・ポリティクスによる統治としての政治）の回復という課題を提示する。ブラウンは、フーコーが、新自由主義的「統治」概念に対抗する主権者による統治としての政治を積極的に位置づけて考察しえていないことを、「あたかもフーコーは、政治理論において国王の首を切り落とすのを忘れたかのようだ[6]」と批判し、「ホモ・ポリティクス」の「敗北」ではなく「復権」の構想が求められているとする。

「ホモ・ポリティクスは、いかに生彩を欠いていようと、近代のほとんどの期間はホモ・エコノミクスと肩を並べて存在しており、両者の外形と内容はつねに部分的には変化しているが、その変化はお互いどうしの関係性によるものであると、わたしは示唆するつもりである。また、ホモ・ポリティクスは新自由主義的理性の支配によるもっとも重大な犠牲者であり、その理由はとりわけ、ホモ・ポリティクスの民主主義的な形態が、新自由主義の理性が統治の合理性として具現化したときそれに対抗する主要な武器となり、別の主張や別の存在の構想によってそれに反論するための資源となりうるからであると、論じるつもりである。フーコーの言うように『権利の主体と利害関心の主体』だけが存在するのではなく、政治の主体、デモスの主体は存在する。それは権利、利害関心、個人の安全保障、あるいは個人の有利性といったものには還元しえない……。この主体、ホモ・ポリティクスは、民主主義が何を意味しようとも、個人的目的の個人的供給の確保を超えたところで、民主主義の実質と正統性をかたちづくる。この『超えたところで』には、政治的平等や自由、代表、人民主権、公共財と公共性《コモン》にかんする熟慮と判断といったものが含まれる」(95頁)。

ブラウンは、歴史的にはむしろホモ・ポリティクスこそがその変革の中心主体となってきた——「はじめに、ホモ・ポリティクスがあった」(96頁)——のであり、ホモ・ポリティクスを歴史理解の文脈からも取り戻し、ホモ・エコノミクスと対抗させることの必要を主張するのである。ブラウンは、アリストテレスからルソー、マルクス、市民革命の流れをたどりつつ、「ホモ・ポリティクスが近代をつうじて希薄化したとはいえ持続していることに注意」(104頁)を向けつつ、「二〇世紀の終わりごろになってはじめて、ホモ・エコノミクスは(その極めて新自由主義的な反復において)ついにホモ・ポリティクスを打倒し、人間および政体双方の形象において、その領土、言葉、対象を奪うのである。もしこのプロセスが完全なものとなるならば、もしホモ・ポリティクスがほんとうに敗北してしまうとしたら、民主主義的未来、あるいは他の公正な未来のあらゆる可能性に逆らうことになり、地球は闇に陥るであろう」(95〜96頁)と述べ、「現代の新自由主義的合理性によるホモ・ポリティクスの克服、すなわち人間存在のあらゆる領域において、存在するのは合理的な市場行為者のみであるという主張」の「革命」性(決定的な、そして破壊的な意味——引用者注)を指摘する(110頁)。そして本来の市民性をホモ・ポリティクスのものとして奪回するため、民主主義の「経済的合理性」による置換、その本質の剥奪の過程を批判的に分析する。

その際、ブラウンが新自由主義による民主主義の剥奪について、新自由主義的政治権力は、自己の政策に反対の声をあげる行為者を政治的に弾圧し、民主主義を奪い取るに止まらず、民主主義という規定そのものを「経済的合理性」の視点、規範の視点から読み替え、改変し、人々の認識のなかに入り込んで民主主義についての理解それ自体を改変すること、そのことによって民主主義を人々の頭脳のなかで変質させ、奪い、市民としての行動規範を剥奪するという視点を提示していることをあらためて指摘しておきたい。新自由主義は、われわれの外からわれわれを攻撃するだけではなく、われわれの内部に入り込んで、われわれを改造し、新自由主義の規範に合わせて、われわれを「主体化」する。新自由主義は、そのようにして自己の求める規範を人間の思考や価値の意識に浸透させ、転換することによって、その主体の内部の規範を組み替え、日々、自己の支配を拡大していく――そして今もわれわれの内部に浸透して拡大しつつある――のである。

そのことを考えるならば、18歳選挙権と結びついて、主権者教育や高校生の政治参加が推奨されているかに見えるにもかかわらず、高校生や大学者の頭脳のなかでは、市民性が日々剥奪され、主権者として生きるホモ・ポリティクスが駆逐されつつあるという矛盾した事態をどう克服するかという課題、難問が突きつけられていることに気づく。

フーコーの新自由主義把握においては、「経済的合理性」の視点から新自由主義の規範が導かれ、その規範が市場に止まらず政治をも統治し、さらに人間の規範意識や価値意識までをも改造し、グローバル経済に適応させ、「主体化」することが鋭く解明されている。しかし、ブラウンも指摘するように、マルクスの『資本論』において展開されたような資本それ自体の経済的、政治的本質、新自由主義的国家権力そのものの本質、階級的性格などの分析は展開されていない。ブラウンは、フーコーの新自由主義把握を踏まえつつ、一定の批判を含んで、ホモ・ポリティクスの営みとしての政治の復権を提起することで、今日の新自由主義の経済学的かつ政治的な全体像の把握に挑戦しようとしたとみることができるだろう。

ブラウンは、新自由主義に対抗する主体としてのホモ・ポリティクスの回復、蘇生という視点を明確に押しだすことに成功している。しかし必ずしも、対抗策、民主主義の本質の奪回のプロジェクトを提示しているわけではない。訳者は、「わたしたちは本書をつうじて、新自由主義がいかにわたしたち自身の内部に巣くい、わたしたち自身をつくりかえてしまったのかを知ることになる。おそらく、新自由主義とのほんとうの闘いは、この『知』を出発点とするのだろう」(269頁) とコメントしている。この書によって新自由主義についての新たな理解を得ることが、私たちの新自由主義と民主主義に対する新たな構えの構築のための大きな力となるだろう。

四　ホモ・エコノミクスの視野から消失する人類的課題

ホモ・エコノミクスは、新自由主義的市場の「見えざる手」にすべてを委ねつつ、そこに創り出される市場の論理、その中心にある競争の論理にしたがってサバイバルするための方法と規範によって生きる主体として形成される。この規範は、資本によって合理的であると審判された規範である。この規範を内面化した競争主体、そして人的資本として子どもを成長させることが公教育の中心的課題となる。しかし、そのような規範は、かつてない人類的危機と矛盾の展開――まさにホモ・ポリティクスの重大関心であったような事柄――についての関心を奪うものとして働く。私たちには、グローバル資本の強力な社会改造力が生み出す未来社会のさらなる破壊と危機をとらえるホモ・ポリティクスとしての認識と想像力が必要になっている。いくつかを挙げてみよう。

①グローバル資本の雇用政策の改変により、雇用格差、劣悪な雇用条件が、一挙に世界的に拡大している。各国で定められてきた雇用の正義、水準が切り下げられ、生存権保障に相応しい賃金支払いが切り下げられ、格差・貧困が一挙に拡大している。

②地球温暖化などの環境破壊が人類的危機として展開している。今すぐに巨大企業の戦略を温暖化防止プログラムにそって変更させる必要があるだろう。これに抵抗する原発や石炭火力発電などにしがみつく日本経済の危うさがますます深まっている。

③グローバル資本の利潤蓄積戦略にそってロボットやＡＩが「活用」され、雇用破壊や労働者の切り捨て、失業などが急速に拡大されてしまうディストピア的未来像が、現実のものになる可能性がある。雇用保障、労働時間短縮、賃金保障などにより、生産力の発展が労働の人間化として作用する仕組みを生み出さなければならない。

④グローバルなレベルでの価値循環と利潤蓄積戦略から見放された地域の崩壊、消失、国土破壊、生活破壊が止めどなく進行しつつある。グローバル資本の戦略からは否定、拒否される地域循環型経済の仕組みをそれぞれの地域に組み込むことなくして、地球的自然と人間の活動との持続的共生はない。グローバル資本の戦略と地方自治、住民自治、さらに国民主権すら、決定的に矛盾しつつある。

⑤上位1％の富裕層が、2017年に創造された富の82％を手にしているという格差（オックスファム2018年報告書「Reward Work, Not Wealth」）、蓄積された富の再投資計画、社会改造計画がグローバル資本の戦略の下で行われ、国民主権による社会計画の機能を弱め、国民主権、主権者政治を空洞化しつつある。

人類は、過去の歴史的変動の時期において、何よりも政治によって、歴史的課題に応答することのできる新しい規範と制度を作り出してきた。私たちは、市民革命を経たことによって、民主主義と平和に依拠して、新しい規範と制度を実現する仕組みを、議会制民主主義の政治という方法として獲得している。新自由主義は、その力と方法を封じようとしている。新自由主義に対抗して、この課題解決に必要な方法を再発見し、合意を生み出し、新たな歴史を切り拓く認識と価値、規範、民主主義を取り戻し、課題の解決のための共同を生み出せるかどうかが問われている。教育は、今、このような人類的課題に向けて、子どもの認識と道徳性を切り拓かなければならない。主権者として、新しい社会のあり方を考える教育＝学習は、道徳教育としての性格を深く帯び、新しいシティズンシップ（あるいは地球的シティズンシップ）の探究という意味での主権者教育となる。

道徳性はともすると歴史超越的に、親切とか、優しさとか、尊敬とか、敬愛とか、謙譲とか、献身とか、勇気とか、等々によって表される価値＝徳目の獲得と実践であるかに描かれる。この歴史超越的な人間の徳（徳目、規範）と、「完璧な現代秩序」（それはまさにイデオロギーである）との結合の方法としての道徳教育が、教科「道徳」として実施されつつある。しかし「完璧な現代秩序」など存在しない。今、現代社会の秩序、新自由主義の規範こそが、社会の閉塞と危機を呼び寄せている。その危うい本質を批判し、新たな社会構想を生み出す規範の探究のなかに、今日の道徳性の探究を位置づけなければならない＊。

＊　このような道徳性についてのとらえ方は、けっして教科「道徳」として道徳教育を行うという主張につながるものではないことを強調しておきたい。各自の内的道徳規範（道徳性）の形成は、どのような価値規範が望ましいかについての探究を不可欠とする。しかし、その際、人間関係や社会のありように対する規範としての道徳的価値は、定められた徳目として獲得する性格のものではない（封建時代や戦前のような天皇崇拝下ではそうであったとしても）。とすると、どのような価値を規範として生きるのかは、歴史を学び、社会の制度を学び、社会正義としての価値の蓄積を、人類や国民の努力の到達点として学習し、社会の現実を批判的に対象化して、価値を批判的に継承していく教科の方法――その土台にはそれぞれの教科や文化を扱い学問的、科学的に、批判的に継承していく方法がセットになっている――によってこそ、行われなければならない。教科「道徳」に、そのような方法は組み込まれていないし、そういう扱いに必要な時間も、また（中学の教科担任制を考えれば）教材の領域に対応する教師の専門性を保障する仕組みもない。だからどうしても教科「道徳」では徳目を教え込むことへと傾斜する。そもそも道徳の教科書教材が、それぞれの教材が所属する文化領域の価値内容に相応しい科学の方法で扱うものとしては設定されていない。だからこそ、戦後の道徳教育は、「道徳」科ではなくそれぞれの教科の学習や、生活指導などを通して、道徳性の教育を進めるべきとする「全面主義」の立場をとってきたのである。ここで述べた、共同的に生きていく「ホモ・ポリティクス」の政治の方法の学習は、社会科や政治学習、主権者教育としてこそ、また共に生きていくための自治的な取り組み――学級づくり、いじめへの取り組み、自治会活動への参加、等々――として、進められていくべきものである。佐貫浩

『道徳性の教育をどう進めるか――道徳の「教科化」批判』（新日本出版社、2015年）、佐貫浩「教科『道徳』の問題性と道徳教育の『全面主義』の意味」（『季論21』45号、2019年夏、本の泉社）参照。

五　主権者教育の方法
――ホモ・ポリティクスの方法と力の回復――

最後に、子どもたちが生きる規範と方法を、「ホモ・エコノミクス」の規範に依拠したものから「ホモ・ポリティクス」の規範に依拠したものへと転換していくための教育の方法論について、表現という視点と憲法学習の視点から触れておきたい。

（1）「表現」の転換

ホモ・ポリティクスの規範によって主権者として生きる主体の形成のためには、ホモ・ポリティクスの規範を取り戻さなければならない。ところが現実には、私たちの「力」の実感からは、民主主義という価値と方法が奪われ、まさにホモ・エコノミクスの規範に依拠するものへと歪められている。

競争と自己責任の土俵では、力とは個人としてサバイバルする「個人力」であり、社会的エンパワーメントをもたらすはずの学習過程が、競争過程となることで、多くの子どもに無力感、自信喪失を押しつけるものとなっている。いじめ空間は、正義の力（人間の平和的な力、人権によって創り出される力）への無力感を押しつけ、支配的な権力への屈服や自己の正義を主張することへの断念、「表現の自由」の断念を強制している。また一緒に生きられる他者の発見、「共同の力」の発見という経験が競争と孤立のなかで奪われ、多くの子どもに不安と無力感を押しつけている。

新自由主義の空間におけるホモ・エコノミクス化は、その空間の支配と競争の論理の「主体的」な受容を意味し、空間（社会）の論理や矛盾の批判主体になることを断念させる。自己責任意識の押しつけは、社会批判への思考のベクトルを閉ざし、格差・貧困を受容させ、弱者としての立場に置かれたものの自己表現を閉じさせる。自己の感覚を「恥ずかしいこと」、「弱者性」の表れととらえさせる圧力によって、自らの真実を表現することを封殺され、「平気」を装おうとする。それがさらに孤立と孤独を増幅させる。そして「表現」は、他者からの排除を恐れ、自己の居場所を確保するための「戦略的表現」（ユルゲン・ハーバーマス）へと歪められる。その意味では、表現から、ホモ・ポリティクスの方法（力）が奪われている。

ハーバーマスは、『コミュニケイション的行為の理論』において、「批判可能な妥当要求を話し手が結びつけている発話行為だけが、いわば自らの力によって、しかも了解を目指す言語的コミュニケイションの妥当基盤のおかげで、発話行為の申し出を受け入れるよう聞き手を動かすことができ、これによって行為調整のメカニズムとして働けるのである」とする。そしてその「妥当要求」は、「正当性要求」、「真理性要求」、「誠実性要求」という内容をもつとする。このようなコミュニケイション規範の上に、公共的合意を作り出す力をもち、政治の力の働く場としての公共性を立ち上げるコミュニケイションが展開するととらえる。その意味ではホモ・ポリティクスの方法の中心にコミュニケイションが位置づけられなければならない。(7)

「戦略的表現」とは、ここでいわれる「妥当要求」をその表現から削り落とし、表現によって争われる権力ゲームのなかで、自分の位置を確保するために有利なメッセージ（考え、態度、位置取り、主張、他者への評価、等々）を組み込み、それを他者、論争相手、自分を取り囲む空間に投げ込む行為を意味する。だからそれは、自らがもち、主張し、他者に働きかけたいと思う価値内容を、「正当性」「真理性」「誠実性」を背負い、他者の「批判可能な妥当要求」に応答できる形で提示するという、いわば自分自身の真実に価値的根拠をおいた表現――まさにその意味において「誠実性」がそこに込められるのであるが――を断念したものとなる。そこで選ばれる戦略的な価値内容は、自分を取り囲む状況判断から、自分にとって有利なものを選び取って、それを仮装した自分を関係のなかに投入し、サバイバル可能な位置を確保する方法となる。それはいわば支配と被支配の暴力的力学のなかに自分を位置づけ、有利にサバイバルするための位置を状況の関数として選び取るものとなる。それは確かに政治の一つの方法ではあるが、真性の表現を断念し、剥き出しの暴力的力学空間におけるサバイバルのための方法へ後退したものとなる。

表現がそのように歪められているとするならば、私たちは表現を人権と民主主義の規範に依拠して、自己の要求を主張するものへと組み替えていく必要がある。同時に、公共性を作りあげることができるコミュニケイション規範を組み込み、合意を形成していくプロセスを生み出していく必要がある。それは政治の空間における議論の規範そのものとなる。もちろん、今まで述べてきたように、その土台には、一人ひとりから人間的真実としての思いを共感的に引き出すケア的関係性が丁寧に組み込まれる必要がある。

(2) 憲法学習に即して

日本の子どもたちは、今、どんな明日の姿を描いて生きているのだろうか。物心がついて気がついてみると、自分が競争の世界に立たされていること、学力の優劣によって評価される人生レースにすでに投げ入れられていることに気づく。いや、それだけではない、動物的とも言える鋭さで、自分の存在を守り抜き、居場所を確保し、暴力をも含んだいじめという権力ゲームのなかで戦略的に身を処す方法を必死で獲得しようとする。また、将来の経済世界では、優秀なホモ・エコノミクスとして、「雇用身分社会[8]」を生き抜かなければならない。

子どもは、今自分が置かれている身近な現実が世界のすべてであると感じ、その世界から未来を想像する。格差が絶望的なほどに拡大された子どもの世界のなかにあって、まるで封建時代の士・農・工・商の身分のように、絶望的なほどに「生まれ」によって能力と財力とがくっきりと格差化された現代的「身分社会」で生きていかなければならない。また、いじめの生け贄にされ、日々無力感と絶望を強いられる子どもの「『出口なし』感はほとんど強制収容所なみ[9]」である。

しかし、いじめのなかで死をも考えるほどに追いつめられていても、そのなかで、子どもは、憲法が命の尊厳や心と身体の自由を最高の価値として保障していることなど、全く思いもつかない。成績が低くて自信を失い、将来ワーキング・プアに陥るかもしれないという不安を抱えた子どもたちも、憲法が、その学力の到達度にかかわらず、すべての個人に働くことを権利として保障し、生存権を保障するという正義を述べ、制度として保障しようとしていることなど全く思いもつかない。憲法には、人類が、命と人間の尊厳を守るための長い、幾多の苦闘のなかから見出してきた人間的正義、社会的正義が書き込まれ、権利として保障され、すべての人間に――だから当然自分にも――その正義が保障されることを宣言したものであることが、今まさに命をかけるほどの苦悩や自分の存在を呪うほどの絶望に置かれた子どもたちに伝えられていない。

憲法がそういうものであることを子どもたちに知らせることに、大人や教師が失敗している。それは子どもたちが勉強しないから、憲法を理解する力がないからか。全くそうではない。子どもたちの現実とは無関係に、権利や憲法を、ただ知識として教えても、この現状は克服できない。教師が、現実をおかしいと考えなければ、ことは始まらない。いや、教師だけがそう考えても物事は変わらない。現状をおかしいと思い、なぜかと考え、最後には許せないと考える主体的な思考が、子どもたち自身のなかにも立ち上がってこなければならない。ところが、率直に言って、多くの教師のメッセージは、もちろん善意からではあるとしても、目の前の競争に落ちこぼれないように子どもの頑張りを引き出そうとして、結局は個人として競争する力を高め強くなることでこの事態を切り抜けさせようとする。そしてそのために、今、子どもたちをとらえて生きられなくしている状況に対する人間的批判の目を育てることが忘れられていく。憲法で生きる視点、すなわち「ホモ・ポリティクス」としての方法に依拠して、しかもその方法を憲法規範という高みで使いこなして生きるという視点を拓くことなく、自己責任で、自分の能力と学力で困難を切り拓かなければならないのだ、この社会は競争社会であり、強くならなければだめなのだと「ホモ・エコノミクス」として生きることを叱咤激励する。

そこに、子どもたちは、教師の側の、あるいは大人の側の、憲法的生き方が建前に止まっていること、憲法的規範で生きることへの断念を感じ取る。格差や貧困に対して、高い学力を獲得して競争に勝つことで対処しなければならないという、大人の側の「生き方」の本音が、子どもに見え透いてしまう。だとすると、憲法学習が必要なのは大人や教師の側ではないか。教師が、子どもに押しつけているサバイバルの方法では、子どもたちは人間として生きられないということに気がつかなければならない。大人たちが憲法規範に依拠して人間として誇りをもって、生存権保障を支えにして、堂々とたくましく生きようとしている姿——大人の行動や態度からあふれ出る憲法規範——から、憲法への信頼を感じるということがなくなっているのではないか。本当に憲法的正義によって生きようとする教師や大人の生き方、社会をそのように作り替えようとする教師や大人の構えが子どもに伝わるときに、子どものなかに、憲法の本当の価値が見え、憲法に依拠して、憲法の方法に依拠して生きようとする構えが生み出されるのではないか。今こそ、困難のなかにある人たち、子どもたちが、自分の権利を主張する認識と力をエンパワーするものとして、憲法をとらえることが必要ではないか。

教育は、この憲法的正義を、子どもたちに価値的規範、生きるための方法として、伝えていく責務を負っている。憲法が達成してきた規範と方法を、子どもたちの生きづらさや苦悩、希望喪失状況を打ち破る理念や方法として、子どものなかに立ち上げなければならない。今の子どもたちの苦しみや困難や希望の剥奪に対してのたたかいが、憲法の理念と方法を、まさに現代を切り拓く価値として、再発見させるのだというべきだろう。憲法第97条に書かれているところの「人類の多年にわたる自由獲得の努力の成果」としての憲法は、私たち自身の「自由獲得の努力」を介することによってこそ、その価値を再把握し、継承することができるだろう。

子どもが憲法の担い手になれるかどうかは、将来、大人の主権者になったときに証明されるのではなく、憲法的正義を実現する担い手として今の生活を生きられるかどうかということとして証明されなければならない。すなわち、いじめを克服する主体として取り組み、憲法的人権に依拠して自分を正義を実現する勇気ある主体へと変えることができたという体験、あるいは自分自身の人権のために声を挙げることができたという体験を経ることによってではないか。それは子どものなかに「ホモ・ポリティクス」を育て、民主主義の力で生きていくことができる子ども世界を作り出すことである。

新自由主義は、人々のあらゆる生活行動と仕事や労働の過程に、グローバル資本にとっての利潤を最大化する評価基準（規範）を押し当てるPDCA（plan-do-check-action）で評価し、生きたければ、仕事を続けたければこの規範にしたがえという緻密な管理システムで人間を取り囲む。グローバル化した巨大資本の利潤獲得戦略を優先させるためには、もはや国民主権に立った民主主義は障害物となったという認識が、安倍政権を突き動かしている。人は、今、日々、その支配の規範にしたがうのか、それとも人間としての自由を取り戻し、自らの人間的意志にしたがって自由で創造的な「生」の実感を取り返すのか、その葛藤のなかにある。声を挙げる民主主義の広まりは、そのミクロのたたかいにおける一斉蜂起に他ならない。「生きさせろ！」（雨宮処凛『生きさせろ！』ちくま文庫、2010年）――今、一人ひとりが生きる場から、人間として生きたいという思いを表明しなければならない。教室もまたそのような声が、子どもから発せられる場にならなければならない。そしてそれらの声によって、憲法的正義を日本社会に、子どもの世界に、取り戻さなければならない。それこそが、子どもの生きる空間に「ホモ・ポリティクス」を再生させ、人間を現代社会の主体へと成長させていく教育の根本方法ではないか。

【注】

（1） 19世紀におけるそのような課題の展開に即した自由権概念の変革は、L・T・ホブハウス／吉崎祥司監訳／

社会的自由主義研究会訳『自由主義――福祉国家への思想的転換』(大月書店、2010年) 参照。

(2) ミシェル・フーコー/慎改康之訳『生政治の誕生』(筑摩書房、2008年)。

(3) その歴史的展開については、ナオミ・クラインの『ショック・ドクトリン』(岩波書店、2011年) 参照。

(4) ミシェル・フーコー『生政治の誕生』165頁。本書の第1章第二節参照。

(5) 佐藤嘉幸『新自由主義と権力――フーコーから現在性の哲学へ』(人文書院、2009年)、72頁。

(6) ウェンディ・ブラウン/中井亜佐子訳『いかにして民主主義は失われていくのか』(みすず書房、2017年)、94頁。

(7) ハーバーマス『コミュニケーション的行為の理論〈中〉』(藤沢賢一郎他訳、未来社、1985~87年)、45頁。

(8) 森岡孝二『雇用身分社会』(岩波新書 2015年)。

(9) 中井久夫『アリアドネからの糸』(みすず書房、1997年)、19頁。

第8章　「憲法改正論争事態」における学校教育の責務を考える——公教育の本質に立ち返って——

この本では、人格と学力の関係に焦点を当てていくつかのテーマを検討してきた。そしてそのなかで、学力を単に人材育成という視点に限定することなく、現代社会において生きることの全体性に対応したものとして、拡張して把握することの必要性を強調してきた。そのなかで、政治的シティズンシップや道徳性の獲得についても、それが、学力の重要な内容をなしていることを指摘してきた。新自由主義的な支配、その一環としての新自由主義の教育政策は、そのような人間が生きるための規範と方法に対する強力な統制、方向づけをもつものであること、そして新たに教育政策に組み入れられた「資質・能力」規定は、そのような人格に対する方向づけを教育政策化しようとするものであることも指摘してきた。教育学と教育実践における人格と学力の結合という課題は、このような現代の教育、人間形成をめぐる対抗が展開するなかで、重要な課題となっている。道徳性の教育にせよ、シティズンシップ教育にせよ、それらは価値の批判的継承に関わるものであり、そこでは、価値は、教化の対象とされてはならず、その価値に関わる批判の自由、学習者の価値観形成の自由、表現の自由——学習における人格的な自由——が保障されなければならない。それなしには学力と人格との真の結合は達成されない。

もう一つの点についてもあらためて考えてみたい。それはアクティブ・ラーニングとは何かという点である。主権者教育、憲法学習においてアクティブであるということは、主権者として能動化されるということであるほかない。政治的主権者として政治参加への意欲を高めるために、どうすればよいのかという工夫こそがアクティブな学習を生み出す。民主主義と表現を核とした政治という方法によって——まさに「ホモ・ポリティクス」としての方法と規範に確信をもって——人間としての尊厳を実現しようとする構えを構築することこそが、アクティブな主権者学習、憲法学習を生み出す基本的な方法なのである。

それらのことを踏まえて、この章では、社会的正義として合意されてきた憲法的規範——基本的人権、民主主義、平和、等々の価値をいかに継承していくかについて、「憲法改正論争事態」のなかでの教育のあり方の問題として検討してみることにする。

一 「憲法改正論争事態」の到来

安倍首相は、なんとしても2019年中の通常国会で「憲法改正」議論、そして「憲法改正発議」を進め、2020年を新憲法実施の年にしたいとその機会を窺っている。その機会を逃せば、現在の安倍政権下で改憲を遂げることはできないというぎりぎりの事態に追い込まれつつある。しかし安倍内閣の何でもあり、答弁拒否、偽データの提出、資料改ざん、事実隠蔽、3分の2の多数で何でも押し切るという強行突破の連続状況を見れば、憲法改正をめぐる激しい対決が繰り返されることは間違いない。もちろん待機主義的にその時に備えて体制を整えるという構えであってはならない。9条を守る3000万署名をはじめ、国政選挙に向けて野党の統一を高め、自民・公明与党に対する国民的包囲の共闘体制を築き、改憲勢力3分の2体制を打ち破り、憲法改正審議に入ることを安倍首相に断念させる状況を作ることこそが、当面する最大の課題となっている。

この章では、こういう危うい事態、さらにまた国会に憲法改正案が提起された場合に、はたして公教育は、一つひとつの教室は、どういう教育上の責務を背負うことになるかを考えてみたい。そのためまず、「憲法改正論争事態」という概念を提出したい。

「憲法改正論争事態」とは国会に憲法改正案が提起され、議会と国民が、憲法改正規定にしたがって議論し選択し決定していくプロセスが進行している事態をいう。そのなかでは、国民は、憲法制定権（厳密にはその一環としての憲法改正権）を行使し、①国会での「憲法改正案」の審議、両院における3分の2以上による「改正発議案」の決定、②国民投票による過半数以上の「承認」（あるいは不承認）という過程が進行する。

2019年の5月現在、まだそのような事態に至ってはいないが、2012年から「自由民主党憲法改正草案」が掲げられ、安倍首相が今の任期中に改正をしたいと繰り返し言明しており、すでに「憲法改正論争事態」に準じる状態にあると言うこともできる。

二 「憲法改正論争事態」における教育のあり方

今回、検討するのは、この「憲法改正論争事態」において、公教育はいかなる責務を負うのかという点である。しかし、このような現実政治の論争課題を学校教育の場に持ち込むことに対する警戒や不安、戸惑い、あるいはあからさまな攻撃すらもが展開している。憲法改正は日本の政治の行方に関わる最も重大な判断であり、主権者育成を担う公教育としても当然大きな役割を期待されるといわなければならない。日本の政治を決する焦点的事態のなかで、憲法的正義にたって人権と民主主義、平和の教育を推進することを託された学校教育が、その本来の教育的な力を発揮して、憲法改正を深く考える力を生徒・若者に獲得させる教育を全力で切り拓くことこそ、「憲法改正論争事態」における公教育の責務であり、そのための理論と実践をこそ豊かに展開させたい。そのためにも、「憲法改正論争事態」とは教育にとってどのような「事態」であるのかを検討しなければならない。

第一に、それは、この「事態」の下で、国民は、「憲法改正権」を行使する憲法改正主体として、憲法の改正規定にしたがい、その権限を実際に行使する状態に入るということである。そして改正が提起されている条項について、どんな規定が望ましいかの論争空間に参加する。もちろんそこに直接決定主体として参加するのは18歳以上であるが、18歳未満の子どもも、現実政治に参加する市民的自由をもっており、発達段階にふさわしい形で、この論争空間への自由な参加が保障されなければならない。論争は学校のなかからではなく、社会の側においてまずひき起こされ、その論争に自らの判断をもって参加することが求められる憲法改正主体としての位置に、生徒が投げ込まれるのである。

第二に、「憲法改正論争事態」では、市民社会で憲法改正主体として論争する生徒が、学校教育の学習の場にも「登場」してくる。その結果、学校の教育＝学習空間にもその論争が持ち込まれ、「論争空間」が出現する。当然、そこで何が「正しいか」を、教師が決められるものではないし、決めてはならない。改正の必要性やどんな改正が望ましいかは個々人の判断に委ねられ、その判断について教師が判定することのできる善し悪しの評価は存在しない状態となる。普段の学習では、子どもは、すでに大人世界で到達され、蓄積された成果を学ぶという感覚が支配的であるが、「憲法改正論争事態」では、大人たちと同じ社会選択の最前線に並び、大人たちとともに憲法改正のあり方を選択、決定する課題に挑戦する。

第三に、「憲法改正論争事態」では、教育は、生徒の「憲法改正主体」としての探究を支えるという責務を背負わされる。もちろん、普段の教育＝学習もまた、憲法を守り発展させる主体の形成という課題を含んでおり、平常時と「憲法改正論争事態」とはその点で異質なものではない。しかしこの「事態」が到来する時は、国民がその国民主権の最も中心的な「憲法改正権者」としての位置に就く特殊な状態であり、「憲法改正主体」に必要な力量や知識（教養）とは何かがより直接的、意識的に求められる。そこでは「憲法改正」が踏まえるべき憲法の本質、立憲主義の本質、憲法の発展の歴史、日本国憲法の特質、等々についての学習が欠かせない。その要請に応える教育と学習が豊かに実施されなければならない。

その点に関わっては、一つ強調しておくべき点がある。それは憲法改正は憲法自体にもその理念が組み込まれた立憲主義の継承、発展という視点から進められる必要があるということである。その背景には、憲法改正は、「始原的な制憲権ではなく制度化された制憲権」、「憲法に制度化された『制憲権』」によるものであり、「憲法を作る権力」と「憲法によって作られた権力」としての「改正権」は区別して把握されるとする理解が、憲法学では有力であり、それは、憲法が国家権力を規律する特別な規範として歴史的な文脈を経て成立したものであり、憲法改正内容が「国民の制憲権を憲法的に確認した国民主権の原理を否定することは、自己の権力の基礎を破壊する自殺行為であり権力の簒奪であって、法論理的に不可能」[1]というべきである、とする理解があるということである。それは立憲主義を継承する規範の上で改正が行われなければならないという要請と一体のものとみてよいだろう。とするならば、憲法改正議論にあたっては、この立憲主義の本質、その歴史的展開、その継承の視点を深く探究する学習が組み込まれなければならない。基本的人権、民主主義、三権分立、平和主義、等々についてのあらためての探究が不可欠となる。日本における大日本帝国憲法から現行憲法への改変の歴史や、国連憲章をはじめとする世界の人権保障と平和の到達点の学習も欠かせないだろう。

第四に、「憲法改正論争事態」では、教育の自由が一段と明確に要請される。本来民主国家は、教育の自由を実現することを通して、政治批判、政府(権力)批判の力量の獲得を、主権者育成として促進しなければならないが、憲法が、国民の意思によって政府や権力、行政を縛る法であるという性格からして、現実の権力や行政は、その憲法制定権の一環を担う「憲法改正権」を行使する国民の意思の発動に対しては、いかなる圧力も加えてはならないということが、特に強調されることとなる。「憲法改正論争事態」においては、そういう立憲主義の特質が、原点の姿において出現するのである。[2]当然そこでは、教育の政治的中立性の憲法的意味が、権力や行政は、国家権力を規制する憲法のあり方を討論し再規定する過程に対して、その自由な判断を侵すような統制や干渉をしてはならない、その意味において権力や行政は、教育の内的価値に対して「中立」の位置を保たなければならない、ということとして、一層明確に確認されなければならないものとなる。政府そのものをどういう規範にしたがうものとして再規定するかを考える憲法改正の主体としての位置において、政治や権力を対象化するのが「憲法改正論争事態」における国民の立ち位置なのである。

以上のような特徴を踏まえるならば、この「憲法改正論争事態」で最も重要なことは、公共空間が、そして学校教育の場も、最も根底的な意味において自由に政治と政府のあり方を考える場になるということである。憲法議論が「教育の政治的中立性を侵す」という教育行政などからの脅し、憲法改正問題を教室で考えることへのシュリンクは、以上のような認識に立ち、退けられなければならない。

三　教師の二つの立ち位置の統一という課題

「憲法改正論争事態」では、教師の二つの立ち位置をどう統一するかという教育方法上の課題に、教師は直面させられる。

第一の立ち位置は、先に指摘した「憲法改正権力」を現実に行使する立憲主体としての主権者に必要な力量を獲得させる教育を担う教師の立ち位置である。第二の立ち位置は、生徒（国民）の自由で主体的な判断に任されている選択を、その自主性や主体性を高める方向で自覚的に行使させるように指導する教師の役割である。

確かにこの二つの立ち位置は本来対立するようなものではない。しかし場合によっては、前者の立ち位置が、後者の立ち位置を消極化するような関係が生じる可能性を含んでいる。

例えば、「憲法改正主体」として多くの人々が獲得しておくべきと考えるであろう「立憲主義」の考え方からすれば、2014年の安倍内閣による憲法第9条の集団的自衛権容認の解釈（解釈改憲）は、まさに違憲ともいうべき事態と見なされるであろうし、それが当時の憲法学界の圧倒的多数意見でもあった[3]。だからこの経過をしっかり考えさせることは、立憲主義とは何かを理解させる上では重要な教材となるだろう。また、第9条の平和主義は、第一次世界大戦後の軍縮、国家の戦争の廃絶という人類史的な願いと努力の到達点としてのパリ不戦条約（1928年）や国連憲章と繋がり、戦後日本の軍事化を抑制してきた規範として大きな力をもってきたという歴史を伝えたいという教師の思いは正当なものであろう。

にもかかわらず、それらだけを強調するならば、その授業は、安倍内閣が立憲主義を侵していること、あるいは平和主義の世界史的展開の一つの到達点でもある憲法第9条の重要さを強調する授業としての性格を強く帯びるだろう。いや、そのことが間違いだということが言いたいのではない。しかし、それまでに作られてきた授業空間が「正解伝達空間」という性格（ヒドゥン・カリキュラム）を強力に埋め込んだままに放置されているならば、生徒たちはそういう評価、考え方が「正解」なのだと受けとめるという性格がより強まるだろう。しかしまた、だからといって、そういう内容を教材とすることを避けるならば、逆に、公教育としての責任を放棄することにもなるのではないか。では一体どうすればよいのか。

その難問を克服するには、この「憲法改正論争事態」という論争空間を、そのまま教室に導入するという構えが不可欠となる。そこでは、教師も生徒と同じひとりの「憲法改正権」を担った市民として、憲法規定の改正問題に向かって思考する対等な学習者という立ち位置を取ることになる。そして教師は、生徒の主体的な判断力を高めるためにこそ、アドバイスし支援するという構えを貫くことが求められる。その学習空間は、「正解」がない空間、個々人の判断力を高めていくために必要な知識や今までの到達点をしっかり批判的に学んでいく空間であるというその教室の性格を、教師だけではなく、生徒自身も明確に自覚した状態を作り出すことが不可欠となる。そのためには、まず、教室の学習空間の性格を作り替えるということが必要となる。

第一に、その学習空間は、「正解」が教師によって、あるいは大人によって提示されることがない空間であり、何を選び取るかは個々人の熟慮によるほかないということが、明確に教師の側から「宣言」されている必要がある。

第二に、そのような学習空間の性格が共通理解となっている場に、対立的な論点が提示され、対立する主張や論理、違いがしっかりと示されることが不可欠である。「政治的論争を教室に持ち込まない」のではなく、違いと対立点を明瞭な形で学習の場に提示することが不可欠となるのである。

第三に、その対立する主張の科学性、論理性、歴史的検証性、価値的正当性などについて、生徒自身が自分で吟味していくことがその場の学びの中心目的となる。したがってそこでの学習とは、その判断主体、すなわち主権者（憲法改正主体）としての自己の判断力をもつこと、それを高めることが目標であり、そのことを、生徒自身が自覚した状態を、その教室に作り出す必要がある。

第四に、対立的な論争が、その学習空間で《教師 vs 生徒》という構造になるとき、先に指摘した今日の教室のヒドゥン・カリキュラムとの関係で、《正解 vs 誤答》という対立構図として受け取られやすくなる。そこでは教師の「授業」は時には「正解」についての「説得」の性格を帯び、あるいは「圧倒」という性格をもつ可能性がある。

ドイツの政治教育のあり方をめぐる「ボイテルスバッハ合意」には、「圧倒の禁止」が価値に関する教育のあり方として示されている。そこでは「一、圧倒の禁止。生徒を――いかなる方法によっても――期待される見解をもって圧倒し、自らの判断の獲得を妨害することがあってはならない。まさに、これが政治教育と教化のあいだの明確な違いである。教化は、民主的社会における教師の役割および広範に受け入れられた生徒の政治的成熟という目標規定と矛盾する」[4]と述べられている。

そのような困難の克服のためには、教師は、自分の講義や説明の内容を、対立する意見、多様な意見のひとつとして、「相対化」し、生徒がそれを批判することが可能な論争空間に提起するという構えを求められる。

その困難を克服するもう一つの有力な方法は、生徒同士の論争を教室のなかに組織し、論争の構造を《生徒 vs 生徒》へと転換するという方法である。そして教師はいわばその行司役を担うのである。その行司役とは、公共的論争空間を学問、科学の到達点に即したものへと高めること、「教科ニュース」などによって生徒の意見を生徒に返し、参加者が応答責任を背負ってその論争に参加するようにすること、重要な論点をより意識化できるような援助を行うこと、などである。それは論争的コミュニケイション空間を公共性空間として創造し、高め、その公共的論争空間の教育力を教室、学校に組み込むということである。*

＊　ユルゲン・ハーバーマスは、コミュニケイションについての妥当要求――「正当性」（規範的一致）、「真理性」（命題的知識の共有）、「誠実性」（主観的な正直さへの相互信頼）――がその応答において実現されているこ

ところ真理や正義についての合意を可能にする公共性空間の基本的条件であると把握する。もちろん、子どもの表現を引き出すためには、ケアも含んだ視点――表現抑圧の論理を打ち破るための個の思いに寄り添う教師の立ち位置をはじめ、子どもへの共感を伴った働きかけが不可欠である。しかし同時に表現は、主権者として生きる「ホモ・ポリティクス」の方法として高められていかなければならない。表現こそが、政治参加の最も中心的な方法であり、政治的公共性空間を作り出す方法なのである。そして学校はそういう公共性を創出することができるコミュニケイション空間を、教室のなかに生み出す働きをもたなければならないのである。その仕事が、子どもの主権者への成長を、その土台で支えるものとなるのである（『コミュニケイション的行為の理論〈中〉』〔藤沢賢一郎他訳、未来社、1986年〕参照）。

四　価値を継承する学習空間の性格

この点について、価値を批判的に継承する学習の特性という視点から、いくつかのことを指摘しておこう。

確かに、自然科学的な「正しさ」は、個々人の主観を超えて万人に了解可能な客観的な証明が可能であり、その結論を真理や正解として公教育で教えることが可能である。しかし、社会的な価値判断に関わる一つの到達点や合意は、それを唯一の「正解」として強制することはできない。例えば憲法規定として合意された社会的正義規範――人権や平等権等――であっても、その継承は、唯一の正しい結論（「正解」）だからしたがうというのではなく、自分の内的な価値判断体系の主体的な構築――それは、それまでの到達点に対する批判の自由を保障された場での批判的な継承によってこそ可能になる――を伴わなければばならない。ある価値規範への完全な一致しか許されない思考空間では、価値は「正解」への絶対的従順という方法によって強制されるものとなる。実はここに価値に関わる教育の本質についての重要な性格がある。教育が、社会に生きる主体性を子どものなかに形成する基本的責務を実現していくには、子どもの「価値判断の自由」、「価値観形成の自由」の保障が不可欠なのである。とすれば、「憲法改正論争事態」という特別状況でなくとも、価値判断について、基本的に個々人の判断に委ねられ、教師が「正解」を示してそれにしたがわせることができない、してはならない状態は、むしろ価値に関する学習空間の一般的性格であるというべきものであろう。しかしその性格は、普段は埋もれがちである。ところが生徒自身の判断力を形成するほかないことが明確な「憲法改正論争事態」では、そのことが本質的な性格としてあらためて意識されざるをえないのである。

もう一つは、この学習空間の基本的性格にそって生徒の学習行為が展開するための「習熟」が必要になるという点である。習熟を言うのは、生徒に身についてしまった「正解伝達空間」に適応的な行動様式——正解をただ覚える学習行動、自分の考えの表現をシュリンクする態度、教師が「正解」を掌握しているという感覚、多様な考えなど存在しないという感覚、等々——を打ち破っていくために、身についた学習習慣を打破する努力、これらの「常識」を転換する日常的で継続的な努力、スキルが必要だということである。習熟とは、具体的には、討論型授業づくり、生徒の表現・発表の常態化、教師の生徒への応答の様式の組み替え——たとえば教師の「質問」とそれに対する生徒からの「正解」の応答というセットではない様式——、学習空間の性格について「決めるのは君たち自身だ」という「宣言」を機会あるごとに繰り返すこと、などだろう。そしてその習熟により改造された学習空間に、対立的論争の形を保持したままで争点を提供し、あわせて「憲法改正主体」に必要な知識や理解を学問の到達点として、学習課題として——批判可能なものとして、と付け加えておこう——提供することであり、その上で、究極的には生徒の学習力と判断力を信頼して、その力に任せることではないか。

なお、補足すれば、実は、高校段階を考えても、授業の場で提供できる資料や情報には限度があり、そこで学界で論争されている論点や理論の深さを生徒にとらえさせることには大きな制約がある。その制約は、教師がその内容を大量に注入することではうまく克服できないだろう。その限界は、生徒が良質の論者の議論を自分自身で読み込むことで超えさせるほかない。また論争的空間のなかで学習することが、そういう個人の読書による挑戦をも刺激し促すだろう。しかし、生徒の個人的なネット上の情報収集や「つぶやき」(ツイート)や「投稿」(書き込み)では、応答責任を組み込んだ豊かな論争空間は形成できない。社会科通信などによる憲法改正問題討論シリーズなどで、生徒自身の議論が高まり熟していくような粘り強い意見交換、議論の往復運動のなかから、教室や学校のなかに公共的な論争の場(アリーナ)を立ち上げることが一つの挑戦課題になるだろう。そこでは表現の自由が保障されなければならず、そこで表明される生徒の意見に対して、「中立でない」などという見当外れの批判は全く不当なものであり、その自由な表現、意見表明を統制しようとする理不尽な動向は、憲法違反というべきものとなる。

五　補　足

(1) 以上の展開の趣旨を、究極的に集約して言えば、「憲法改正論争事態」に要請されることの最も核心は、学校教育の学習空間で、この改正がどういうものであるのか、改正したほうがよいのか、改正しない方がよいのかを、自由に議論すること、その国民的議論を、学校教育を含んで、全面的に展開することである。いうまでもなく、学校教育はどういう憲法改正が「正しい」のか、決定し判断する権限も力も方法ももっていない。教育は、その判断を主体的、自主的に行う子どもの判断力を高めるという方法を通して、憲法改正という歴史的に重大な、危機を含んだ転換点の政治に関わるのであり、その責務を託されているのである。したがって、憲法改正について触れると「政治的中立性を侵す」という考えは、公教育に求められる責務を否定するものであり、教育の本質的なあり方から見ても間違いというべきものである。

（2）もちろん、その教育＝学習に取り組む際に、教師が自分の見解を一方的に押しつけたり、一方の主張のみを紹介したりするなど、恣意的にその判断を方向づけるような働きかけをしてはならない。しかしそういう教師の教育実践の誤りについては、基本的には教育の自由の世界における相互批判によって克服されるべきものである。教育実践が教育的に見て正しいか、誤りであるのかを権力や行政が直接判断し、修正させるというような行為は、学校教育の教師の活動、教育実践の過程が、権力や教育行政自身の価値視点から、「正しいか、正しくないか」を監視、統制されることを意味する。それ自体が、憲法が禁止する教育にたいする権力統制である。そういう教育＝学習に「統制」や「脅し」をかけるということは、「憲法改正論争事態」における公教育に求められるところの、教育のもつ本質に依拠した政治への関与、公教育における政治教育の責務の実現を妨げるものにほかならない。

繰り返すが、「憲法改正論争事態」は、最も根源的な意味において、国民が憲法改正権を行使し、権力と政治を批判的に対象化し、どんな規範を政府と権力に課すべきかをあらためて議論し、国家権力のあり方、政治のあり方をその規範に服させる方法、法規範を再決定していく時期であり、その国民の選択に権力が統制を及ぼしてはならない――権力が教育に対して厳正に中立の位置をとらなければならない――最も重要な時期なのである。

（3）公務員としての教師に背負わされた「憲法尊重擁護義務」（憲法第99条）について触れておくならば、教師は、たえず、みずからの教育活動を憲法的規範に沿って自己吟味しつつ、同時に、みずからの教育のあり方を政策によって規定し、方向づけ、時には命令してくる政府や教育行政の権力行為に対して、その内容を、国家や行政の「憲法尊重擁護義務」という視点から吟味することを求められているということである。そして政府や行政の教師への命令や管理が、そこから逸脱したり、この「義務」に違反するときには、それを批判することをも求めるものだということである。今日、国家権力が、教育の価値内容に入り込んで、子どもの価値観や思想形成に深く関与、統制しようとし、教師の教育の自由を奪いつつあるなかで、公教育の世界において憲法の理念を実現するためには、教師は、教育の権力統制を監視し、時には抵抗していく責務を背負わなければならない。

（4）その上でなお、現代日本社会が憲法を最高規範として組み立てられ、展開していること、公教育はこの憲法理念の到達点を説明し、考えさせ、その批判をも含んだ継承、発展の主体として、子どもたちを現代と未来の主権者へと成長させていく責務を課せられていることをしっかり自覚しておかなければならない。もちろんその「批判をも含んだ継承」は憲法改正一般を否定するものではない。しかし憲法は、決して価値中立的な法規範ではなく、「人類の多年にわたる自由獲得の努力の成果」であり、「現在及び将来の国民に対し、侵すことのできない永久の権利として信託された」（憲法第97条）基本的人権、その歴史的な発展理念としての議会制民主主義、平和主義、生存権保障、等々の継承発展をも国民に要請するものであり、憲法改正は、その理念を継承する行為としてなされるべきことを求めている。そのような視点を「憲法改正主体」としてしっかりと身につけさせるために、どのような教育、学習が必要となるのか、「憲法改正論争事態」を前に、具体的、実践的に、さらに深く解明していかなければならない。

(5) もう一つ指摘しておくべきことがある。18歳選挙権の実現に際して、高校生の政治教育が中心的に議論された。それはそれで必要な事柄ではある。しかし実は、日本の国民の政治参加、主権者性を高める上では、何よりも大学教育と大学生の間における政治についての議論こそが決定的な意味──あえてここでは決定的といいたい──をもっているのではないか。しかも、大学教育の場は、もっと本格的に政治を対象化することができるはずの場である。そのための学問の自由、知的探究の自由、教え込みから解放された主体的な探究が可能であるはずの場であろう。大学教員は、自分の考えを、学問的探究者の責任において学生に語り、学生と自由な議論をすることが、より可能であろう。そう考えるならば、18歳選挙権という条件をも生かして、日本の若者の世界における新たな政治を立ち上げ、「憲法改正論争事態」に対して、主権者の声や態度を引き出す責任を、何よりも大学と大学教員こそが、背負うべきではないか。大学において、主権者意識、政治への主権者的関心がこれほどに立ち上がりにくい事態にこそ、今日の政治の危機の深さが示されている。そのような問題関心を含んで、本論の展開で使用してきた「生徒」という言葉は、大学生や若者を含んだものとして、読み取ってほしい。

【注】

（1）芦部信喜『憲法制定権力』（東京大学出版会、1983年）、50〜51頁。

（2）憲法改正について憲法第96条は、国会は改正案を「発議」し、「国民に提案」するとし、国民投票による「承認」で改正が成立するとしている。その背景には、「いわゆる硬性憲法が憲法改正手続きを多かれ少なかれ通常の立法手続と区別しているのは、改正作用を制憲権の行為として立法権の行為から区別する」という趣旨があり、「近代憲法がほとんど例外なしに改正手続を実定化している趣旨は、……憲法改正が制憲権をもつ国民だけに許され、憲法によって作られた権力たるにすぎない通常の立法機関には許されない、という思想に淵源している」（前出、50頁）という理解がある。このような理念を含んだ国民投票によって憲法改正が最終的に決定されるという手続きは、もしそれが行われるならば、日本の憲法史上初めてのこととなる。

（3）2014年7月1日の閣議で、安倍内閣は、「我が国と密接な関係にある他国に対する武力攻撃が発生し、これにより我が国の存立が脅かされ、国民の権利が根底から覆される明白な危険がある場合」を「存立危機事態」とし、この3要件を満たす場合に、日本が直接攻撃されていなくても反撃することを可能とするという形で、集団的自衛権の行使を認める閣議決定を行った。これに対しては、国会の憲法審査会で参考人意見を述べた3人の憲法学者（長谷部恭男、小林節、笹田栄司）がそろって「憲法違反」を指摘し、元法制局長官や元最高裁長官も違憲の疑いを指摘した。「朝日新聞」のアンケート調査では、「憲法学者122人回答──『違憲』104人『合憲』2人」（2015年7月11日付）となっていた。

（4）近藤孝弘『ドイツの政治教育』（岩波書店、2005年）、46〜47頁。

第9章　学力の意味の喪失とその回復のすじ道
――「あること」〈to be〉と「もつこと」〈to have〉の様式と学力――

日本の学校で、多くの子どもたちは、授業が行われている教室にいるとしても、授業そのものには参加していないことが多いのではないか。その根本には、知識や学力が、子どものなかで、意味を喪失しているということがある。そして意味を失った知識の獲得を競いあう現実は、まさに学力の空洞化というべき事態へとつながっていく。

日本が高度成長期に突入した時代、学校は、すべての中学生を学力競争に巻き込んでいった。山びこ学校に代表される農村部での「村に生きる教育」「村を育てる学力」が、「村を捨てる教育」「村を脱出する教育」[1]へと転換していった。「山びこ学校」では、学校の知識は、自分たちが農民として生き、農村を豊かにしていく不可欠な知識、科学技術についての知であった。民主主義もまた、貧しく、いがみ合う農民同士を新しい農村建設の共同者へと組み替えていくための新しい理念と方法でもあった。しかし、まもなく高度経済成長の豊かさから取り残される農村から、大量の新規学卒労働者が大都市に出て行くことになった。学力は、そういう農村子弟の村からの脱出を有利にする基準として機能するようになっていった。知識それ自体の価値ではなく、その知識を獲得して得られる学力の順位に換算された価値――偏差値はその象徴である――の獲得のために、知識が熱心に習得される事態が生まれた。現代日本の学校における知識の意味の喪失の出発点が、そこにある。

そして今日、グローバルな資本が、利潤を最大化するために、人材としての基準と規範を押しつけ、人間の全生活過程、労働過程の全体を、強力な規範によって管理し、方向づけようとする手法――新自由主義の統治技術――が展開する事態が生まれている。その下では、人間の労働能力に止まらず、その行動の全過程が、その土台にある人格的な価値の意識や意欲のありようにまで立ち入って、資本の利潤増大にとって望ましいものとなるように、沿うべき規範や基準があてがわれるという緻密な評価社会、規範社会が出現している。そのなかで、人間は、利潤を生み出す労働力として、人的資本として、また生きるために必要な財やサービスを「公」に負担をかけることなく、自己責任で市場から購入する市場的消費者として、活力ある新自由主義社会の主体として自己形成し、サバイバルすることを求められる。

一　学力と知の意味の剥奪

激しい受験勉強をして学力競争に生き残ってきた大学生の多くにおいても、知識の意味は、喪失されている。授業で、大学生の学習意欲について議論したときの学生の声には次のようなものがどっさりと出された。

◇「小学校から中学校、高校とあがっていく中で、無意識のうちに『勉強すること＝競争』という意識が芽生え、少しでも良い成績を取るために学んでいた気がする。今思えば、中学生までは楽しかった勉強が苦しく思えるようになってしまったのは、この『競争』によって学ぶことの本当の楽しさや意味を見失ってしまったからだと感じる。」

◇「大学生になってからとても感じていたことですが、高校の時の方がはるかに勉強していたし、それは大学受験という目標があったからでもありますが、大学生になったらあれをしよう、これをしようと計画を立てていたはずなのに、大学生になってみると周囲の意欲のなさと同調してしまい、良くわからない、何もしない日々のくり返しで日々を送っていると思います。」

◇「自分自身も、中学や高校を振り返ってみると、勉強内容に目的や意味を感じたことがなかったが、偏差値を上げるために勉強してきた。だから終わったとき、何かが抜けたように意欲がなくなって、勉強しなくなった。その為、今大学で何をしたらいいかわからず、何もしない自分がいる。」

◇「正直なところ、今学習面において意欲が湧きません。受験期、人生で初めての勉強量をこなしたと思えるほど、私は勉強したつもりでした。初めこそ、早く逃げ出したいと思う時期もありましたが、途中から『未来のために私は頑張っているんだ』と頑張ってゴールに向かう自分が好きでした。ところが今は、ただ授業におもむき、何となく聞いている。そんな感じになっている自分に腹さえたまに立つ日々です。」

しかし最近は、そのような「空白」を意識する余裕を与えないままに、大学に入ったとたんに、今度は「就活」によって、新たな競争のメカニズムのなかにたちまちとらえられるという事態が強まっている。

従来は大学生活の前半に多くの学生が感じたであろう「空白」や「目的の喪失」を感じる暇もなく、幼児教育、小学校にまでおりた学力競争、そして大学入試に向かう中学・高校段階の競争という一連の学力競争が、大学における就活競争に象徴されるような労働力市場での競争に直接繋がってしまったような事態が生まれている。

その事態は、学力と知識の意味、価値を実感し味わう回路が個人の側からは剥奪されていることを示している（「個の側からの学力と知識を意味化する回路の剥奪」）。その状況下では、学力と知識の価値と意味が、その量の多寡に換算されてとらえられる様式が働いており、知識そのものの内在的価値が感じられなくなってきている。「銀行預金型教育」（パウロ・フレイレ[2]）の競争では、知識の量を増やして順位を上げることにこそ価値があるのであり、だから学習者にとっては、他者を上回る量を獲得した時にはじめて、学力と知識の価値が見えるようになるのである。本来、その知識の「量」が他者よりも少ないとしても、それは本来自分の認識力を高め、能動的な力を支える固有の意味をもつはずであるにもかかわらず、他者より劣れば、その学力や知識は、むしろマイナスの価値を背負っていることと感じられてしまうのである。しかしそのような事態は、単に競争のメカニズムによって引き起こされた現象なのではない。

二　人格が労働力商品として扱われる

この歪みの土台には、人間の労働能力が、その価値を「実現」するためには、利潤の獲得をその第一の欲求として生産を行う資本によって雇用され、資本の生産過程に参加することを絶対的な条件とする資本主義的生産様式がある。資本の側からその価値が認められなければ、雇用されず、人間の所有する労働能力が実現されないのである。そしてその労働能力は、今日では、労働者の人格的な力——その性格や感情にまで、拡大されて把握されつつある。

本田由紀は、今日の能力主義を「ハイパー・メリトクラシー」と特徴づけた。本田によるとそれは、「個々人の機能的有用性を構成する諸要素の中で、一定の手続きによって切り取られる限定的な一部分だけではなく、人間存在のより全体、ないし深部にまで及ぶ」ところの「業績主義」である。[3] 客観化された一定の能力——特定の知識や技能、専門性など——を指標とする能力主義を近代型メリトクラシーであるとすると、このハイパー・メリトクラシーは、「多様性・新奇性」、「意欲、創造性」、「個別性・個性」、「能動性」、「ネットワーク形成力、交渉力」等をその内容的な特徴とし、人格と個性の実現の過程と不可分な形で発揮される「能力」あるいは「性格」に基づくメリトクラシーである。それは人格まるごとを労働力商品の価値という視点から規定する。労働の感情労働的な側面が拡大するなかで、明るさや好感度、さらには笑顔までもが——すなわち直接的な人格的力量や性格までもが、労働力商品としての視点でもって査定されるようになる。[4]

実はそれは、土井隆義の指摘するいじめと孤立の恐怖を生き抜く「優しい関係」の演出、そのための「優しさの技法」と通じた世界でもある。[5] 中西新太郎は、そういう外からの「価値評価をきっちりと個人別に当てられてしまう」空間で表される「明るい」「やさしい」「おとなしい」などという性格の表れは、すでに彼ら自身の「性格特性を正しく反映したもの」とは異なって、他者の評価に合わせて意図的に演じられたものとなっているとして、「自主性」や「積極性」というような本来は人格そのものの有り様の表出と考えられてきたようなものまでもが、「意味を変容」させていると指摘している。[6]べつの言い方をすれば、そういう人格の核心に結びついた情動的な部分までもが、労働力商品の価値として他者からの評価に曝されることで、いわば二重人格的な分裂と乖離状態のまま、その場に合わせて多様な人格を演じ分けなければならない状況に置かれているのである。それは人格それ自体の商品化が引き起こす人格の人格自身からの乖離を意味する。

このような事態に対しては、そもそも、人間が、その所有する能力や学力、さらには「性格」によって「商品」としてランク付けられ、市場の論理で買いたたかれるメカニズム自身を問題にすることが必要になっている。

三 have と be の対抗

労働力商品という経済学的規定性が、人間が「所有」する諸能力にどんな性格を及ぼすのか。エーリッヒ・フロムは、人間のありように関して、〈to be＝あること〉と〈to have＝所有すること〉という様式の違いを論じ、本来の様式としての〈to be〉が〈to have〉の様式に置き換えられることに、資本主義制度の基本的特質と矛盾をとらえようとした。

フロムは、人間存在の本来の意味は、あること〈to be〉にこそ依拠していると考えた。そしてその存在の意味や目的を直接に実現するものとして働く形で、もつこと〈to have〉（能力や性格や生きるための道具や一定の富などを所有すること）が機能しているとき、その所有（物）の価値は、存在（あること）の側から意味づけられているととらえた＊。

＊　エーリッヒ・フロムは、「持つ」という様式（having）と「ある」という様式（being）の検討を『生きるということ』（紀伊國屋書店、1977年）で行っている。「持つ」様式は、所有によって、自己を実現する方法であり、それは結局自己の所有物によって、自己が逆規定される関係、すなわち物によって私（私の人格）が支配される関係をも生み出す。「ある様式」の基本的特徴を「自分の人間的な力を生産的に使用するという、内面的能動性」として把握し、その下では、自己の能力は、自己のアイデンティティの中核として自分の中に存在しており、それらの力が自己によって、自己の目的を実現する力として、統合されていること、そしてその統合性が、「ある様式」を成立させる本質的な性格であると述べている。フロム自身の文章を紹介しておこう。

（「持つ」という様式においては）「究極的には、『私（主体）はO（客体）を持つ』という論述は、私がOを所有することによって私を定義することを表わす。主体は私自身ではなく、私は私が持つものである。私の財産が私自身と私の同一性を構成している。『私は私である』という論述の底にある考え方は、『私はXを持つがゆえに私である』である――Xは、私が関係するすべての自然界の物や人物に等しく、その関係は私がそれらを支配し、永続的に私のものとする力によって結ばれる。／持つ様式においては、私と私の持つものとの間に生きた関係はない。……持つ存在様式は、主体と客体との間の生きた、生産的な過程によって確立されるのではない。それは客体と主体の双方を物にする。その関係は死んだ関係であり、生きた関係ではない。」（前出、113頁）（佐貫浩「『所有』と『存在』の2つの様式と個性のありようの検討　個性論ノート②」（『法政大学キャリアデザイン学会紀要『生涯学習とキャリアデザイン』第3巻、2006年参照）。

労働力商品市場では、労働者は、各種の能力や特性を「持つ」（have）人間――所有者――として登場し、資本はその存在（be）としての個人それ自体に興味があるのではなく、その労働者の所有物（労働能力）を資本にとっての使用価値として評価し、買い求める。だから労働者は、「売り」になる知識や技術やスキルを自己の所有物としてもつこと〈to have〉を目指す。それは、自分にとって直接に意味がある所有物だからではなく、自分が売りに出せる労働力商品としての価値を構成するアイテムだからである。このような人間の所有する能力をもつこと〈to have〉の様式において評価し労働力市場で売り買いするシステムは、その労働能力の所有者にとって、その労働能力の価値を絶えず間接化し、結局は他者の評価を介してのみ自分の能力、もろもろの自己の所有物の価値を意味づけることができるという間接的自己評価の回路を生み出す。偏差値によって自らの能力や学力をはじめて意味あるものとしてとらえられるという今日の学力評価システムは、まさにこの様式の典型であり、その結果でもある。

それは必然的に、学習の性格自体を「持つ様式」に沿って組み替える。フロムはその違いを次のように指摘する。

「持つ存在様式の学生は、講義に耳を傾け、講義の言葉を聞き、それらの言葉の論理構造と意味とを理解し、できるかぎり、すべての言葉を彼らのルーズリーフ式のノートに書き込む――のちになって、筆記したものを暗記して試験に合格できるように。しかしその内容が彼ら自身の個々の思想体系の一部となって、それを豊かにし、広げることにはならない。……学生と講義の内容とは互いに無縁のままであって、ただそれぞれの学生が、だれかほかの人の所説……の集積の所有者となったというだけのことである。……／学習の過程は、世界に対してある様式で結びついている学生にとっては、まったく異なった特質を持っている。まず第一に、彼らは一連の講義に、たとえそれが第一回の講義であっても、白紙《タブラ・ラーサ》の状態で出席することはない。彼らはその講義が扱うはずの諸問題についてあらかじめ思いをめぐらしているので、彼らの頭には、彼らなりの或る種の疑問や問題がある。彼らはその題目について十分に考えたので、それに関心をいだいている。言葉や観念の受動的な入れものとなることはなく、彼らは耳を傾け、彼らは聞く。そしてこれが最も重要なことだが、能動的、生産的な方法で、彼らは受け入れ、彼らは反応する。彼らが耳を傾けるものは、彼ら自身の思考過程を刺激する。新しい疑問、新しい観念、新しい展望が彼らの頭の中に生まれる。彼らが耳を傾けるのは、一つの生きた過程である。彼らは関心をいだいて耳を傾け、講師の言うことを聞き、聞くことに反応して自発的に生命を得る。彼らはただ家へ持ち帰って記憶することができる知識を獲得するのではない。それぞれの学生が動かされ、変化したのだ。講義を聞いたあとで、それぞれが聞く前の彼もしくは彼女と異なった人間となったのだ。」（前出『生きるということ』、52～53頁）

先に見たように、ハイパー・メリトクラシーの時代においては、客観的な諸能力に止まらず、自分の性格やコミュニケイション力、あるいは人格と一体化された表情や他人に与える好感度などまでが市場に売りに出すことができる労働能力の内容（所有物）として評価され、労働者はそういう感情や意欲や好感度すらをも「所有」していることを、態度を演じることで証明して見せなければならなくなる。

次の構図は、本来人間の存在に不可分に結びつけられ、その存在を実現するために働くべき多くの所有

〈have〉をめぐる意味の争奪の構図

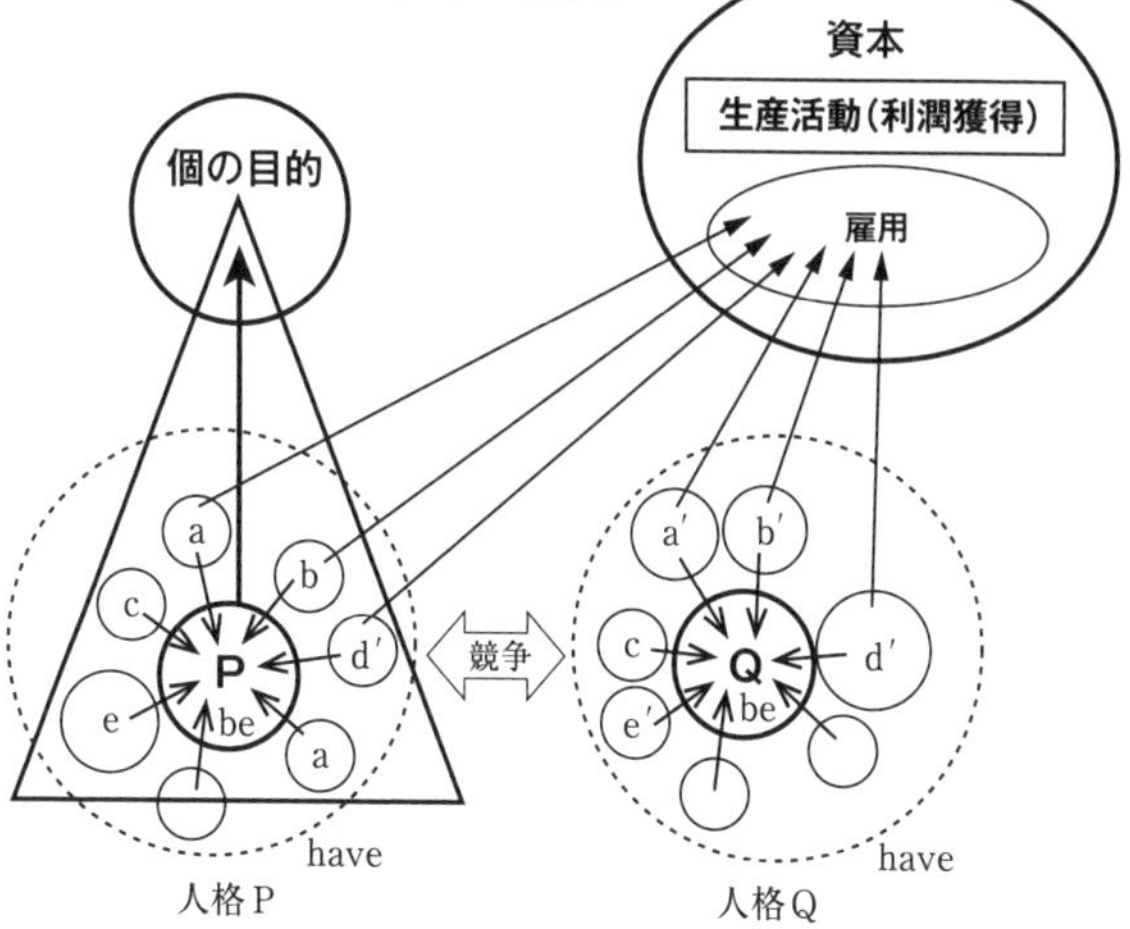

注：この図では、多数の労働者の所有物（have）が、労働力市場で競争させられつつ資本に選択され、買い取られるというイメージを示すために、存在（be）としての人格（個）を２人（P、Q）登場させている。左の個は目的をもった全体的な構図で描かれているが、右のそれは、簡略化された形で、個が所有物（have）をもって存在しているということだけを示してある。そして各自の所有する能力は、ⓐ、ⓑ……の形で示されており、その能力を意味づける二つのベクトル（資本からの意味づけ━▶と個の側からの意味づけ─→）が働き、その意味づけをめぐっての対抗と争奪が展開することを示している。

物、達成物が、企業や他者からの要請と評価（矢印━▶）によって意味づけられ、存在（to be）の側からの要請と意味づけ（矢印─→）が弱まり、自分の所有物（have）の価値の間接化、さらに自己自身の価値の間接化ともいうべき事態が進行するメカニズムを表したものである。

図についての若干のコメントを付しておく。

①個々人（P、Q、……）は、その存在（to be）自体に固有の意味と目的をもった人間として生きている。しかし、個人が所有する労働能力は、資本に雇用され、資本の力と結合されなければ「実現」されない。そのために、自己の所有物（have）とし

ての諸能力（a、b、c……）を、労働力商品（の質）として、資本に売る。そしてそのために労働力市場へ参入し、労働力市場で競争を通して雇用を獲得する。

②労働力市場において、資本は労働能力（a b c……——a′b′c′）を比較・選抜して雇用する（矢印⟶）。その時、個人の所有物としての労働能力は、資本の目的の側からその評価が行われる。労働者はその評価に沿って、自己の労働能力を高める努力を強いられる。その結果、自己の所有物としての労働能力は、自己の生きる目的の側（図の「個の目的」）からではなく、資本の目的の側から意味づけられ、評価される。

③同時に自己の諸能力は、自己の存在実現のために意味化され、強化されることにおいて、自己の存在の側から評価され、自分の実現のために不可欠なもの、自己の存在を支えるものとなる（矢印⟶）。その意味では自己の所有する諸能力の意味と価値をめぐって、資本の目的の側と自己自身の目的の側の双方からの意味づけが時として対抗しつつ、いわば意味の争奪が展開される。

④現実の能力形成競争、学力獲得競争は、自己の能力の意味づけが、資本に役に立つ能力、しかもそれが、他者と比較して「高い」「低い」かで——それはいわゆる偏差値として数値的に示される——評価される形式に主導されて進行するために、特にその偏差値の底辺部分においては、自己の獲得する能力の自分にとっての意味がもてなかったり、希薄化していくことが多くなる。また自分の存在の側から意味づけられる（矢印⟶）学習が弱いために、学習の意味、形成した学力の価値の自覚が、自分の存在の側からは弱くなる。

補足として述べておくならば、この二つのベクトルは、必ずしも対抗だけではない。労働に参加することは自己実現の方法として資本主義社会では多くの労働者にとって避けえない事態であるし、その労働のあり方や機能の仕方を、労働者も参加して決定していく可能性もある。そしてその限りでは、「個の目的」は、雇用という回路を介しても実現されうるし、本来そういう方向が目指されても来た（労働者の生産と経営への参加）。しかし資本主義という経済システムは、いわば非和解的な矛盾として、労働者の労働の搾取によって資本が増殖していくという根本的動機に支えられた経済システムであり、その意味では企業（資本）の目的と労働者の労働参加を通した自己実現の要求には、根本的な矛盾が存在している。その点では、この矛盾の克服は、労働者自身がその生産を自ら計画し、生産過程を自ら管理するという新しい経済システムによらなければならない。しかしまた、そのことを踏まえた上で、現実の資本主義的生産様式において、労働者自身が、自分の労働のあり方の決定にどれだけ「参加」できるか、自分の労働が社会においてよりまっとうな意味と価値をもてるように努力すること、あるいはその労働の形態がより人間的なものとなることを求めることは、労働を通した自己実現の質を高めるためには、不可欠となるだろう。さらに、先に見たように、新自由主義の下で、グローバル資本の競争戦略が、人権を侵し、地球的な環境危機を昂進させ、格差貧困を深刻化させ、世界に暴力と戦争の危機を拡大して、まさに人類的な願いに反するような機能を果たしつつあるなかでは、労働者は、その従属的な労働を、労働者自身の要求と願いにかなったものとするためのたたかいを、その労働の場、生産現場において進めていくことが必要になっている。

四　「個性」概念の歪みと転換

激しい競争社会が出現し、能力競争が一層先鋭化、日常化し、その競争に敗北するならば生存権すら失うことになる事態を、「自己責任」として甘受しなければならないというメッセージが人々を脅かしている。そのなかで人は自己の所有物（have）――それは自分自身によって創造され獲得された自己自身であり、形成された身体的能力でもある――をその競争的評価に曝し、そこで勝ち抜けなければ、その所有物（have）ゆえに、不利や絶望を背負わなければならない状態へと追い込まれる。人は、そのようななかで、自分の身体や頭脳（それもまた自己の所有物（have）と把握されている）を背負って希望をもって生きる見通しが得られなくなり、そういう不利で希望をもてない自分（そういう所有物しかもっていない自分）を背負う勇気を奪われ（「一体誰がこんな貧しい自分を背負わせたのか！」）、自分との和解ができなくなる。学力が劣ることや、繋がりを奪われ、さらに社会的な「排除」を強制され、自己の存在（to be）、自分の存在の固有性、他者との関係のなかでの自分の不可欠性を豊かに紡いでいく場をも奪われる。その絶望ゆえに、自分自身に対する攻撃性や自分を「見捨てた」社会への激しい攻撃性、社会の破滅願望にすら襲われる。このようにして人間から、その存在の証を求めようとする人間としての欲求を奪い取る。

そこでは、自らの価値を貶める自己の所有物（have）、比較において他者のそれに勝てない所有物（have）に対しては、それを所有する存在（be）は、その所有物――人は与えられた身体や頭脳や容姿等々を背負って生きることを避けられない――をのろい、自分との和解ができない状態に追いやられる。しかし、人は、自分の存在（be）が背負う固有の課題や目的をもつとき、その所有物（have）に依拠し、それを磨き、発達させ、その力に依拠してその目的を実現するほかない。その時、所有物（have）は、他者との比較によって価値が証明されるものではなく、自己の目的を担うかけがえのない力（have）としてとらえかえされる。そしてそのかけがえのない所有物＝力（have）を自らの努力でよりよいものへと発展させるとき、それは自分にとって愛しいものに転化する。自分との和解がそこに成立し、所有物（have）は、存在（be）の固有性を担うものとして自らの個性（個の存在の独自性、固有性）と一体化する。その時、他者より優れたものをもつことが自己の個性であるとする個性認識（所有物によって証明される個性概念、競争に勝ち抜くことによって証明される個性概念、もつものの他者との差異によって証明される個性概念）は、自己の存在そのもののかけがえのなさ、その存在が固有に抱える生きる課題を生きようとするその固有の意味にこそ、個の存在の意味があり、そこに個性が存在するという存在論的個性概念へと転換される。*

＊「存在の独自性による個性」と「差異としての個性」との対抗は、フロムの〈to be〉と〈to have〉の様式に対応したものとなる。個性の存在論的規定においては、個性の核心は、自分が自分の存在の固有性を実現するために学び、生き、働き、活動しているという自己の存在のかけがえのなさ、固有性そのものにある。この規定においては、人間としての個人の存在そのものが個性を担っているのであり、その存在が所有している個々の特性、能力等々が、その存在に個性を与えているわけではない。それらの諸特性や諸能力は、その個存在を現実化する力として働くことを通して、はじめて個性を支える力となる。諸能力がその存在の内実を豊かにすることとして働き、その存在の固有性に統合されている限りにおいて、諸能力、諸特性は、個性を担っているということができる。さらにいえば、そのような存在の独自性を担うのは、その個人の固有性の核となる目的意識、関心、意欲、そしてそれらを成り立たせている歴史的、社会的諸関係のなかでのその存在の独自性、代替不可能という意味での固有性である。その意味で、個性とは、個々人が自然や社会に対して関心や態度を発達させつつ生きていく過程の独自性そのもの、その軌跡の独自性の積分されたもののことであると規定

することができる。この規定はフロムの「ある様式」に則した個性規定である。それに対して、現代において支配的な個性概念は、差異を個性と認定するものである。しかしこの規定は大きな問題性を抱えている。差異が個性であると認定することは、その差異が他者より優れていること、あるいは少なくとも劣らないことを前提とせざるをえない。したがって、この様式における個性化の教育とは、能力と性格の特徴を競いあう教育と同義とならざるをえない。そのような個性概念は、強者にのみプラスの感覚で実感され得るものだろう。優れた差異的能力の所有が個性であるとするならば、個性は多様化された能力競争のなかで他者に勝つことによって証明されなければならない。それは弱者に個性はないということでもある。さらにまた、この個性の規定は、資本主義的生産様式において、個が所有する学力や能力を労働力商品として労働力市場で競争させる場に適合的な個性概念——個性的な能力をもたないものは役立たない——である。そこでは、個性の内実は、個々人の内部からではなく、ある性格や能力への要求として外部から、資本から提示される。外から提示されたタイプや能力要求へ自己を適合させ、演出する力が欠けている時、個性がないということになる。その結果、個性は自分自身によってではなく、他者の評価によって規定されるものとなる。その論理によって、個性は、個の存在との関連をますます断たれざるをえなくなる。したがって、この規定は、その「差異」を所有している人格と切り離して、あるいはその人格の存在様式と切り離して、個性を規定するという性格をもつ。そこには、個々人をかけがえのない一人の独立した人格とみなし、それぞれの人間としての自己実現を達成させるという課題意識は、組み込まれていない。差異＝個性は所有物によって与えられている性格となり、個性化とはその所有物をより価値の高いもの（市場の要求に適合するもの）へと形成することであると見なされる（佐貫浩「個性論ノート②」前出『生涯学習とキャリアデザイン』第3巻、参照）。

そのためには、自己の存在そのものの価値がとらえられること、そこに人間の尊厳が存在していること、その存在の固有性に支えられた生、生きる目的と課題に向かう主体性が励まされ、意識化されなければならない。教育の課題は、そこにある。

しかしその際、そのような個の主体性が実現される回路は、雇用という回路だけではないことを見ておかなければならない。前章で検討したように、人間としての主体性は、労働を通して生産し創造し、人間が生きるために必要な経済的価値を生み出すこととともに、経済とは異なる場において、主権者として、すなわちホモ・ポリティクスとして、その主体性を実現する営みが不可欠となる。そしてこの主権者としての営み、ホモ・ポリティクスとしての主体性の発揮が、逆に経済世界における自己の生き方（労働主体）としての生き方を、より人間的にし、未来への見通しをも切り拓くものとなる力を秘めている。そしてホモ・ポリティクスとして組織されることによって労働主体のなかに生み出される政治的な変革主体性は、経済世界、自己の労働のあり方に対する変革力、労働の場に働く資本の力に対する対抗力として働き、資本の利潤の観点からする「規範」に抵抗しつつ労働者としての権利を実現し、その労働の質の人間化としても作用し、それだけ労働それ自体を自己の存在の実現という質をもつものへと近づけていく性格をもつだろう。

しかし新自由主義による人間のホモ・エコノミクス化は、ホモ・ポリティクスとして自己の労働の主体化に働きかける力を奪う。その結果、人々は、巨大なグローバル資本の支配力の下にますます裸でさらされることとなる。国家による雇用への規制は、国民主権の政治によって、労働者の切り捨てや待遇低下を許さないために企業に課せられてきたものであった。しかし、90年代後半からの新自由主義化の下で、大幅な「規制緩和」が進められた。そのために、雇用破壊――非正規雇用の急速な拡大、ワーキング・プアの増大、派遣などの劣悪な雇用の増大――が進行した。そしてその変化が、学力競争、労働能力競争を一挙に激化させ、競争に勝ち残れない学力や労働能力には価値がないと宣告し、雇用から排除されたり不利な労働条件があてがわれたりする仕組みが、抗いがたいものとして私たちの前に出現しつつある。

五　学校の学びの構造と「学力」の意味づけ

個性概念の転換と結びついて学力が把握され、すべての個にとって自らの学力がかけがえのない、愛しいものとしてとらえられるには、どのような教育が必要となるのだろうか。

それは、その個々人が必死で生き、自己実現しようとする願い、その格闘と学習＝教育が、結びつくことによって可能となる。その過程で獲得された学力＝能力は、その新しく切り拓かれた生き方、自己実現を支える力として、その意味が明確に把握される。そしてその格闘の過程で、学力それ自体のなかに、自らの固有の課題を担う個性的な質が組み込まれ、学力の主体性、創造性、応用性を高める。それは「あること＝to be」と教育とが、直接結合されることである。

しかし新自由主義が求めているところのグローバル競争に勝ち抜く能動性や創造性（「生きる力」）に一面化された学力、人材形成に一面化された教育目的は、個の側に立ち、個の願いを実現し、人間存在の固有の目的やその存在の意味の実現を目的とするものではなく、資本にとって価値のある所有物としての能力や人格的特性（感情労働を想起せよ）、資本の戦略を実現するため役に立つ力、それを所有（to have）の形式において保持している人間の育成をめざすものとなっている。いわば所有の形式の上に、その能力の意味づけがなされているのである。

このような事態に対して、それに抗して、学力と人格の結合を人間の尊厳を回復する方向で組織するためには、私たちの教育実践は、存在そのものの価値を実現するもの、すなわち「あること」(to beの様式)、すなわち子どもの存在そのものの価値に結びついて教育を展開することが必要となる。そのためには、人格の核心に、生きることに直接に結びついた人間的で主体的な目的や価値の意識が育まれなければならない。そして学力が、人格の目的や価値の意識の強化、自覚化に結びつくとき、学力は、その個の存在の独自性、固有の価値を実現する力となり、人格が学力を意欲させ意味化するものとなる。人格と学力とが結合されるべき根拠は、このことのなかにあるということができる。そしてそのためにこそ、子どもの生活意識、子どもが日々より良く生きようとして苦闘し、葛藤しているその願い、不安や悩みを克服して希望をつかみ取ろうとする希求——この存在的な願いそのものから発せられる子どもの思いに依拠し、それを意識化し、自らの主体的な生き方へと具体化していく教育が探究されなければならない。

いま、新自由主義の政策と理念が、社会の隅々に、そして人々の意識のなかに深く浸透し、社会と人間を囲い込もうとしているなかで、そのような視点から、私たちの教育実践と教育学研究のあり方を再検討してみるべき地点に私たちは立っているのではないか。

【注】

（1）東井義雄『村を育てる学力』（明治図書出版、1957年）参照。

（2）パウロ・フレイレ／小沢有作他訳『被抑圧者の教育学』（亜紀書房、1979年）。

「入れ物をいっぱいに満たせば満たすほど、それだけかれは良い教師である。入れ物の方は従順に満たされていればいるほど、それだけかれらは良い生徒である。／教育はこうして、預金行為となる。そこでは、生徒が金庫で教師が預金者である。教師は、交流 communication のかわりにコミュニケ communiqués を発し、預金をする。生徒はそれを辛抱づよく受け入れ、暗記し、復唱する。／これが銀行型教育概念 'the banking' concept of education であって、そこで生徒に許される行動範囲は、せいぜい預金を受け入れ、ファイルし、貯えることぐらいである。」（66頁）

（3）本田由紀『多元化する「能力」と日本社会――ハイパー・メリトクラシー化のなかで』（NTT出版、2005年）、21頁。

（4）感情労働については、本書第3章100頁の＊の注を参照。

（5）土井隆義『「個性」を煽られる子どもたち――親密圏の変容を考える』（岩波ブックレットNO.633、2004年）。

（6）中西新太郎「子どもの成長と文化」『学校運営』（全国公立学校教頭会発行、2009年10月号）。

あとがき

（一）教育学研究の立場から日本の教育現実を調べ初めて、半世紀が経つ。しかし、今、振り返ってみると、90年代の後半から展開してきた社会と教育の驚くほどの構造的な転換、改変が、まさに歴史的な転換というほどに、大きなものであったことに、あらためて気がつく。しかもその変化は、相当に意図的に、理論的に計画されてつくり出されたものであったということができるのではないかと感じている。

それは結局、この巨大な世界を、ある目的にむけて改造することが可能な計画力、社会的な力をその目的のために動かす政治的組織力、それに必要な富（経済力）が、グローバル資本の手元に集中するという歴史的な段階の到来を背景にしているように思われる。だからそれに対抗するには、私たちの側の共同が、かつてない広がりをもたなければならないだろう。それは、人類史にとっても新しい挑戦というべきものになるだろう。そんなことを感じながら、この本をまとめた。

原稿をまとめるなかで、教育学の土台にある哲学や経済学について、その今日的な到達点や論争点についての基礎的な学習をもっとしっかりと踏まえなければ、しっかりした展開ができないと思いつつ、それが不十分なままに、自分の主張を、かなり主観的に展開した部分がある。その弱さを克服することを今後の課題としていきたい。

（二）この本の各章のもとになった論文は以下の通りである。

序章　学力・人格と教育実践――「学力・人格と教育実践――子どもの変革的主体形成を支える」（『教育』201

8年8月号、かもがわ出版)、「学力と人格を結びつける」(『クレスコ』2018年11月号、大月書店)

第1章　安倍内閣の教育改革の全体像と特質――「安倍内閣の教育政策の全体像と特質」(日本教育政策学会年報2017『安倍政権下の教育政策』八月書館)、「子どもの成長と教育の価値を国家の数値指標管理に委ねてはならない」(『前衛』2018年5月号、日本共産党中央委員会)

第2章　学力と人格の関係を考える――「学力と人格をどう結びつけるか――新学習指導要領の『資質・能力』規定と学力論の課題」(民主教育研究所編『季刊 人間と教育』100号、2018年冬、旬報社)

第3章　「学力」をどう考えるか――「『学力』概念の再把握――『学力の権力的規定』批判」(民主教育研究所編『季刊 人間と教育』96号、2017年冬、旬報社)、「学力の教育学的規定」(『教育』2012年12月号、かもがわ出版)

第4章　「アクティブ・ラーニング」を考える――「『アクティブ・ラーニング』の批判的検討――真にアクティブでディープな学びの条件を考える」(法政大学キャリアデザイン学会紀要『生涯学習とキャリアデザイン』第14巻第2号、2017年3月)

第5章　評価の「権力化」「肥大化」のメカニズムと人格への評価――「評価論ノート―評価論をめぐる論争点の検討No.Ⅰ――田中耕治氏・中内敏夫氏の評価論の検討」(法政大学キャリアデザイン学会紀要『生涯学習とキャリアデザイン』第9巻、2012年2月)

第6章　「知識基盤社会論」批判――「『知識基盤社会』論批判」(民主教育研究所年報2017『新学習指導要領を読み解く』2017年7月)

第7章　学力と道徳性、主権者性――「主権者教育の原理的考察――新自由主義と政治教育の関係を考える――フーコーとブラウンに依拠しつつ」(平和・国際教育研究会発行『平和のために』第17号、2018年4月)

第8章　「憲法改正論争事態」における学校教育の責務を考える――「『憲法改正論争事態』における学校教育の責務を考える」(平和・国際教育研究会発行『平和のために』第18号、2019年4月)、「『憲法改正論争事態』と公教育の責務――主権者教育の基本構造にたちかえって」(日本科学者会議編『日本の科学者』2019年6月号、本の泉社)

第9章　学力の意味の喪失とその回復のすじ道――「知識の意味の喪失とその回復のすじ筋」(『教育』2010年1月号、国土社)

全体として、もとになった論文を大幅に書きかえてある。もとになった論文を大幅に縮小しているものもある。またあらためて論旨を追加した部分も多い。そういう点では、全体として今日の時点での私の考えを展開したものとして読んでいただきたい

(三)出版事情が厳しいなか、出版を引き受けていただいた大月書店の皆さんに、感謝したい。大月書店からは2009年に『学力と新自由主義――「自己責任」から「共に生きる」学力へ』を出版いただいた。その時担当いただいた岩下結さんに、今回もお世話になった。また編集を担当くださった森幸子さんには、内容にも関わっていろいろアドバイスをいただいた。装幀のの写真の眼差しからは、私自身が問いかけられているような印象を受けた。その純粋な視線に向き合えるような教育学研究への責任をあらためて感じている。日本の教育現実にしっかりと取り組み、現場で格闘されている先生方の日々の思いに添えるように、研究を続けていきたい。

2019年6月18日

佐貫　浩

著者
佐貫 浩（さぬき・ひろし）
1946年兵庫県生まれ。法政大学名誉教授。教育科学研究会委員長。専門は、教育行政学、平和教育学、教育課程論、道徳教育論。
主な著書に『学力と新自由主義――「自己責任」から「共に生きる」学力へ』（2009年、大月書店）、『平和的生存権のための教育――暴力と戦争の空間から平和の空間へ』（2010年、教育史料出版会）、『危機のなかの教育――新自由主義をこえる』（2012年）『道徳性の教育をどう進めるか――道徳の「教科化」批判』（2015年、以上新日本出版社）、『現代をどうとらえ、どう生きるか――民主主義、道徳、政治と教育』（2016年、新科学出版社）ほか多数。

装幀　鈴木 衛（東京図鑑）
DTP　編集工房一生社

学力《がくりょく》・人格《じんかく》と教育実践《きょういくじっせん》
――変革的《へんかくてき》な主体性《しゅたいせい》をはぐくむ

2019年7月12日　第1刷発行

定価はカバーに
表示してあります

著　者　佐　貫　　浩
発行者　中　川　　進

〒113-0033　東京都文京区本郷2-27-16
発行所　株式会社　大　月　書　店
印刷　三晃印刷
製本　中永製本

電話（代表）03-3813-4651　FAX 03-3813-4656　振替00130-7-16387
http://www.otsukishoten.co.jp/

ISBN978-4-272-41255-6　C0037　Printed in Japan